# PREFACE

　실패(failure), 포기(give up) 그리고 절망(hopelessness)이라는 단어는 우리가 살면서 쉽게 들을 수 있는 단어들이다. 하지만 우리는 각 단어들이 가지고 있는 부정적인 힘과 정의(definition)를 자세히 알지 못한 채, 무심결에 사용하게 된다. 우리의 노력과 시도를 통해 충분히 얻을 수 있는 희망적인(bright) 미래와 자신의 잠재적(potential) 그리고 사회적 실용가치(practical value)를 잊게 된다. 그 결과, 자신이 계획하고 기대하던 일들이 잘 되지 않는 경우 감정적이고 격정적인 생각으로 스스로 절망의 늪에 빠져 마치 세상을 다 잃은 것처럼 좌절하고 방황하게 된다.

　이러한 현상은 1997년 말 IMF 경제위기를 통해 증명되었다. 실제로 평안했던 많은 가정들의 붕괴와 철밥통이라 불렸던 직장에 대한 믿음이 깨지면서 사회적인 정체성 혼란과 함께 인격이나 연공서열(seniority)보다는 능력을 우선가치에 두고 있는 '능력우선주

성공이 늦어질 뿐
실패는 없다

Printed in Singapore
ISBN 981-04-3944-X
Published by Lumiere Systems
Author: Michael Lum Y
Title: I once Wore Diapers: How to manage Failure Successfully

*This is to confirm that I am the copyright owner and author of "I Once Wore Diapers". I have sold the copyright to M.S. Kong to publish it in Korean. Therefore, she is authorized to have the book translated and appoint a publishing house print and publish in Korean.*

Copyright 2001-2011
Michael Lum Y
lum1128@starhub.net.sg

---

## 성공이 늦어질 뿐 실패는 없다

| | |
|---|---|
| 초판 1쇄 발행 | 2011년 3월 28일 |
| 초판 8쇄 발행 | 2020년 8월 13일 |
| 지은이 | 공명숙 |
| 펴낸이 | 손형국 |
| 펴낸곳 | 에세이퍼블리싱 |
| 편집인 | 선일영 |
| 출판등록 | 2004. 12. 1(제2012-000051호) |
| 주소 | 서울특별시 금천구 가산디지털 1로 168, 우림라이온스밸리 B동 B113~114호, C동 B101호 |
| 홈페이지 | www.book.co.kr |
| 전화번호 | (02)2026-5777 |
| 팩스 | (02)2026-5747 |
| ISBN | 979-89-6023-573-1 03320 (종이책) |

이 책은 저작권법에 따라 보호받는 저작물이므로 무단 전재와 복제를 금합니다.

---

**(주)북랩** 성공출판의 파트너
북랩 홈페이지와 패밀리 사이트에서 다양한 출판 솔루션을 만나 보세요!
홈페이지 book.co.kr · 블로그 blog.naver.com/essaybook · 출판문의 book@book.co.kr

No Failure; Only Success Delayed

How to Manage Failures Successfully

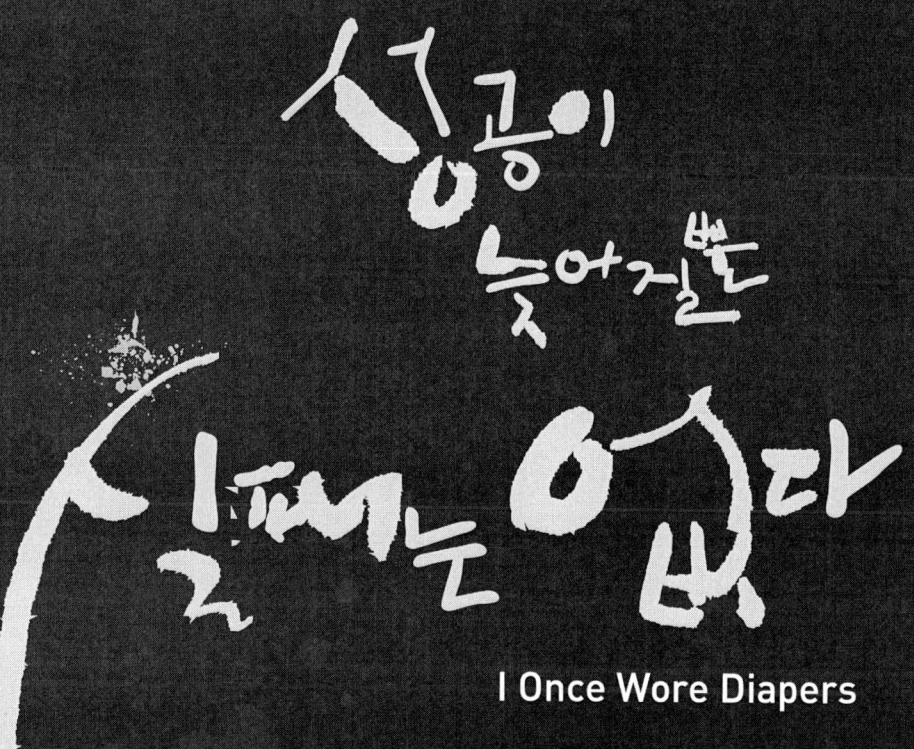

I Once Wore Diapers

Michael Lum Y 지음 | 공명숙 옮김

# TO KOREAN READERS

　나는 이 책을 실패했거나 포기한 수백 만의 사람들을 위해 썼습니다. 사람들은 대부분 한 번 실패하면, 나머지 인생도 실패할 것이라는 생각을 합니다. 하지만 그것은 대단히 잘못된 생각입니다.

　실패는 우리가 앞으로 나아가야 한다는 교훈을 줍니다. 2001년 처음 출간 당시 많은 사람들이 이 책을 읽으면서 그런 교훈을 배웠습니다. 여러분이 실패한다면, 절대로 용기를 잃어서는 안 됩니다. 왜냐하면 우리 인간은 살아있는 동안은 누구든지 실패를 하기 마련이고 실패에서 그 누구도 벗어날 수 없기 때문입니다.

　한 발자국 뒤로 물러나 적절한 관점에서 실패를 바라보십시오. 그러면 성공은 사실 실패의 결과라는 것을 알게 됩니다. 즉 다른 것을 다른 시간에 시도한 행동입니다. 오직 용감한 자만이 새로운 것에 도전합니다. 만약 결과가 기준에 도달하지 못했다면 그것은 실패를 한 것이 아니라 새로운 것을 배운 것입니다.

따라서 계획을 다시 세우고 다시 시도를 하십시오. 사람들은 당신의 성공에 존경하고 당신의 실패에 당신을 사랑하게 될 것입니다.

나는 이 책이 한국어로 출판되어 기쁩니다. 한국의 독자들은 이 책을 통해 실패를 배우고 그것을 어떻게 다루는지를 배울 수 있습니다. 그리고 기꺼이 이 책을 한국어로 번역하여 출판하게 해 주신 공명숙 박사께 감사를 드립니다. 나는 여러분이 이 책을 통해 많은 것을 얻으리라 확신합니다.

아프리카 속담에 '아무리 밤이 길어도 새벽은 온다.' 라는 말이 있습니다. 마찬가지로 우리가 어떤 실패를 한다고 해도 포기만 하지 않으면 결국은 성공에 도달할 수 있습니다. 나는 항상 이런 진실을 믿기 때문에 '실패는 없다; 오직 성공이 늦어질 뿐이다.' 라는 것을 이 책의 모토로 삼았습니다.

Enjoy Reading.

Michael Lum Y
March 20, 2011

의'(merit system) 현상을 불러 왔다.

　10여 년이 지난 현재사회도 포괄적인 글로벌 경제적 어려움과 막연한 미래에 대한 걱정으로 많은 사람들이 생산적이고 계획된 청사진을 세우기보다는 실패에 대한 두려움과 안일함에 우선을 두는 경향이 강하다. 이러한 현상은 거시적으로는 사회적 결속력(social cohesion)을 무너뜨리고, 미시적으로는 자신의 능력을 전혀 고려하지 않게 된다. 보다 쉽고 빠른 성공의 길을 찾는 사람들의 태도(attitude)로 인하여 고급 실업자를 양산하는 사회로 변화되는 것이 작금의 현실이라 생각한다.

　따라서 현대인에게 필요한 것은 아직 발생되지 않은 막연한 실패의 두려움이 아닌, 성공에 대한 확신과 실패를 통해 새로운 방법을 배우려는 자세가 필요하다. 또한 이러한 '사회심리적 문제(social psychological issue)'는 단순히 지식보다는, 경험과 지혜를 통한 멘토식 조언(mentorial advice), 즉 해결 가능한 만큼의 실제적인(practical) 지식을 찾으려는 현대인들에게 이러한 방식은 절실할 것으로 본다.

　역시 역자도 이러한 지식을 찾다가 우연한 기회에 싱가포르의 저명한 작가이자 강연자인 마이클 럼(Michael Lum Y)의 대표작 『원제: I Once Wore Diapers』를 접하게 되어 번역하였다.

　그는 책에서 "실패는 인간의 숙명적 동반자이자 성공을 위한 디딤돌이다."라고 주장했다. 즉 '실패'는 한 가지 일을 추진하다 계획과는 다른 결과가 나오거나 잘못된 결과를 의미하는 '종결형(ending, **終結形**)' 형태로 사용되기보다는 '현재 진행형(present progressive)' 형태로써 우리에게 좌절보다는 기회를 주는 긍정적 요소로 이해해야 한다고 설명했다.

저자는 실패에 대한 포괄적인 이론과 다양한 실례(example)를 통해 다각도(various angles)로 실패를 풀이해 놓았으며, 이에 역자는 TIP을 통하여 독자들에게 많은 도움을 주기 위해 쉽게 이해할 수 있도록 재해석하였다. 물론 본 역서에 대하여 밝혀 두지만 번역상 원서에서 인용되고 있는 많은 실례들은 한국의 언어사용에 맞게 적절히 바꾸어 의역하였다.

이 책은 이미 싱가포르는 물론 동남아시아 및 일본에 출판되었으며 직접 실패에 대한 강의로도 그의 명성은 널리 알려져 있다. 이에 맞게 다문화적 사회 속에서 글로벌 삶을 지향하는 현대인에게 꼭 필요한 삶의 지침서로 추천한다. 간단 명료하면서 핵심을 찌르는 '실패'에 대한 색다른 정의와 결론을 통하여 여러 독자의 삶에 밝고 희망찬 미래가 함께 하길 기원한다.

끝으로 본 역서로 하여금 실패를 두려워하는 많은 독자들에게 도움을 주려는 마음 간절하다. 아울러 본 역서에서의 독자 여러분들의 질책과 조언이 있기를 바라 마지 않는다. 마지막으로 본 역서가 나올 수 있게 해 주신 에세이퍼블리싱 출판사에 깊은 사의를 표한다.

2011년 3월, 새 봄을 기다리며<br>
Dr. Myeong Suk Kong

# About Michael Lum y
## (Singaporea)

Michael Lum presenting "I Once Wore Diapers" to Mr. Goh Chok Tong, Former Prime Minister of Singapore.

Michael Lum with Bill and Hillary Clinton, taken in a gift shop near The White House in Washington D.C.

Michael Lum with John Gray when he attended "Men are from Mars; Women are from Venus" program in Washington D.C.

Michael Lum and Billi Lim went live on TV3

Cheryl Fox interviewed Michael Lum for Channel News Asia when he conducted free workshops for the unemployed and retrenched workers

Michael Lum with Tony Buzan, inventor of Mind Maps and Mind Mapping

## Clients(강연/상담을 했던 주요 대상)

### 1. Government(정부 부서)

- 예비역을 위한 민방위협회(CDANS)
- 건강 과학청(Health Science Authority)
- 주택개발공사(Housing Development Board)
- 기술교육원(Institute of Technical Education)
- 육상 교통청(Land Transport Authority)
- 지역사회 및 스포츠 개발부
  (Ministry of Community Development and Sports)
- 국방부(Ministry of Defense)
- 교육부(Ministry of Education)

- 환경부(Ministry of Environment)
- 국립대학(National University of Singapore)
- 국민협회(People's Association)
- 경찰정보국(Police Intelligence Department)
- 군 라디오 방송협회(SAFRA)
- 싱가포르 공군(Singapore Air Force)
- 군 대표 축구팀(Singapore Armed Forces)
- 민방위대(Singapore Civil Defence Force)
- 경찰청(Singapore Police Force)
- 사회개발과(Social Development Unit)
- 사회개발부(Social Development Section)

## 2. Commercial & Industrial(회사)

- America International Assurance
- BAX Global, Baxter Healthcare
- Bossini, Chrysler Daimler
- Cycle & Carriage
- Diethelm Singapore
- ERA Realty Network
- FMC
- Great Eastern Life
- Jurong Shipyard
- Medtronic Asia Pacific
- DBS Bank
- Eli Lilly
- Foxboro Far East
- Fujitsu
- John Hancock
- Leap Performance
- Merck Sharp & Dohme

- MobileOne
- MMC
- National Panasonic
- NatSteel
- Pepper and Fuchs
- Personnel Organization and Development
- Popular Book Store
- Radio Corporation of Singapore
- Shimano
- Singapore Airlines
- Singapore Press Holdings
- Singapore Technologies
- Singapore Zoological Gardens
- SCI Manufacturing
- Target Consulting
- Teck Wah Industrial
- Unicon Management
- YCH Distripark

## 3. Institutions(단체)

- 영재아동 협회(Association of Gifted Children)
- 싱가포르중소기업협회(ASME)
- 공인회계경영협회(Chartered Institute of Management Accountants)
- 호주공인회계사 협회(CPA Australia)
- 가정상담센타(Fei Yue Family Service Centre)
- 식약청 및 노동자 연합(FDAWU)
- 국제경영관리교육센터(IBMEC)
- 부동산중계인협회(Institute of Real Estate Agents)

- 국립싱가포르대학 사회교육원
  (National University of Singapore (Extension))
- 국립도서관위원회(National Library Board)
- 경영개발 연구소(Management Development Institute of Singapore)
- 말레이시아 경영 연구소(Malaysian Institute of Management)
- 무슬림 자녀를 위한 교육위원회(Mendaki)
- 싱가포르 마케팅 대학(Marketing Institute of Singapore)
- 전국노동조합(NTUC)
- 옹텡청 노동연구소 (Ong Teng Cheong Institute of Labour Studies)
- 로타리 클럽(Rotary Club)
- 싱가포르 비서 및 사무국장협회(SAPES)
- 싱가포르 경영대학(Singapore Institute of Management)
- 싱가포르 생산성협회(Singapore Productivity Association)
- 싱가포르 훈련개발협회
  (Singapore Training and Development Association)
- ST대학(ST College)
- 서비스품질센터(SQ Centre)
- 교사네트워크(Teachers' Network)

*Interview with The Straits Times: Author's progress on his book, "I Once Wore Diapers".*

The Straits Time(1999년 12월 27일)

Monday, December 27, 1999 · THE STRAITS TIMES

## HOME

### MILLENNIUM WISHES

# The write stuff — and he is on track

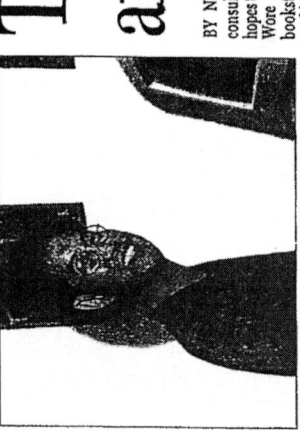

**I Once Wore Pampers** is the title of Mr Lum's self-help guide to learning from failure.

BY NEXT June, training consultant Michael Lum hopes to see his book, I Once Wore Diapers, displayed in bookstores all over the world.

His millennium resolution was to write a good book and get it done before the end of the year.

And he has almost reached his target. He expects to finish his book — a self-help guide to learning from failure — by the end of the month.

He said: "I've more or less finished all 15 chapters.

There are just bits that I have to add here and there."

He has been working on the book since January, devoting at least an hour two to three times a week to it.

The book covers areas such as facing rejection and dealing with failed relationships.

Working mostly at night in his study at home, Mr Lum sourced for ideas and developed them on his computer.

The soothing strains of his favourite classical music were in the background.

Some afternoons, he could be found working on the book on his laptop at the McDonald's outlet near the National Stadium.

He said: "It's difficult sometimes to get the inspiration. There were times when I didn't know what to write. When that happened, I'd just take a break and try to see things from a different angle."

Another difficulty was in the writing itself, he said.

"The challenge was to write in a way that appealed to readers.

"What I wrote may seem okay to me but I wouldn't know how it would appeal to others."

When his book is ready, the next step begins.

"I'll have to start hunting for a publisher and, hopefully, my book will be in the bookstores in about six months."

The Sunday Times(1999년 1월 31일)

*Interview with The Sunday Times: Author's millennium resolution to write a book, "I Once Wore Diapers".*

January 31, 1999 : THE SUNDAY TIMES

# 2000: Before the century ends, I wish I could...

## Write a book

WITH many companies closing down during the recession, training consultant Michael Lum, 45, wants to come up with a book that shows people how to learn from failure.

He plans to call his book I Once Wore Pampers. "A baby in diapers who is learning to walk will not give up when he falls. He gets up and will try to walk again."

He is no stranger to failure himself. The trained accountant left his post as a general manager in a computer firm in 1996 to set up his own business. But his first venture, to produce personal organisers, failed.

He then decided to organise human resource training classes and seminars.

One day, a trainer did not show up for a seminar and he took over. He enjoyed it and decided to become a full-time trainer. He now has a graduate diploma in training and development from the Civil Service College.

The Straits Times(1999년 2월 6일)

*One of the many articles
the author contributed to the media*

THE STRAITS TIMES : Saturday, February 6, 1999

# FORUM

# Failure is a stepping stone to success

AT A recent workshop organised by the National University of Singapore and Massachusetts Institute of Technology, Deputy Prime Minister Tony Tan said that Singapore had to develop a culture that welcomed start-ups and tolerated failures (ST, Jan 13).

We live in a society that is unforgiving towards failure. Everything we undertake must spell success. The time has come for Singaporeans to accept and cultivate higher tolerance for failures.

In a closely-knit society like Singapore's, the result of failure is indeed tragic. Like bushfires, the "misdeed" is broadcast to everyone through the grapevine.

We have to learn that failure is not taboo.

Failure is an event, a process. The fact that we failed does not mean we are failures. Rather, it is the event or process, which is often beyond our control, that has failed.

When a baby learns to walk, he falters. He gets up and tries again. He does not think "Oh, I have failed and therefore I will crawl for the rest of my life". There is no "failure" in his vocabulary.

A reporter once interviewed a successful businessman on why he was so troubled about his only son, who would soon inherit his immense wealth.

He replied: "I am worried he has not succeeded in one thing. He has not experienced failure yet."

Not failing is not learning. Failures are lessons in life for us to learn. It's the mother of success.

The error rate is a function of our familiarity with the event.

In events that we have no experience in, the incidence of failure increases. With high technology ventures, as advocated by Dr Tan, this is inevitable.

Failures are road signs that tell us we are driving in the wrong direction.

History has shown how successful products have resulted from initial failures.

Mr Masaru Ibuka, Sony Corp's legendary co-founder, took on a failed project — the miniature tape recorder — and changed its functions, combining it with headphones to create the famous Walkman.

Thomas Edison was asked how many times he had failed in his efforts to create a light bulb.

He replied: "I was actually successful in knowing 1,800 ways of how not to make a light bulb."

During World War II, Werner von Braun was developing a rocket with which the Germans wanted to bomb London. His superiors pressured him. "You failed 65,121 times. How many times must you fail before you get it right?"

He replied: "I need to fail another few thousand times." Germany attacked its enemies with von Braun's ballistic missiles. Later, he was instrumental in pioneering Mr Neil Armstrong's landing on the moon.

The entire history of discovery begins with failure.

Locally, Mr Sim Wong Hoo failed many times but persevered for 10 years. He ventured beyond our shores.

His Sound Blaster soundcards soon gained acceptance in the United States and Creative Technology was listed in Nasdaq. How true is the statement, "A prophet is never known in his hometown".

Thomas Watson, who founded IBM, once said: "The way to accelerate your success is to double your failure rate!"

Management guru Tom Peters prescribed increased rates of failures to speed up innovation. Albert Einstein once remarked: "A person who has never failed never tried anything new."

Fear of failure is one of the greatest inhibitors of natural creativity. Unless and until we accept and have higher tolerance for failure, we will remain a largely uninventive society. The process of producing technopreneurs and entrepreneurs will be stifled.

The NUS' Centre for Management of Innovation and Technopreneurship (CMIT) must incorporate the management and psychology of failure into both their forums and syllabuses.

In Western societies, there is a higher tolerance and acceptance of risk and failure. Therefore, it is not surprising that many inventions like go-skates, roller blades, computer technology and fast food have their roots in California.

For us to move forward in knowledge-based and high technology ventures, we must dare to risk, be prepared to fail and be willing to learn from it.

We may have failed in our relationships, families, businesses and careers — especially during this economic turmoil.

But we have to learn to accept and manage it.

For unless we have failed, how can we succeed? Failing is a crucial part of, and the stepping stone towards, success.

MICHAEL LUM Y.

The Star "Pressing News"/Section 2 Page 20(2001년 5월 15일)

## PRESSING NEWS

# A lesson from failure

A SINGAPORE man hopes to turn his repeated flops in life into a successful book on managing failure in a place obsessed with being the best.

"In this part of the world, there's so much emphasis on success. Nobody talks about failure," Michael Lum, author of the self-help guide said. "My book is to promote the fact that there's no failure, only feedback. Success comes in a time-delayed capsule."

Penned and published by the 47-year-old management consultant, *I Once Wore Diapers – How to Manage Failure Successfully* is filled with poems, cartoons, inspirational stories and exercises.

Lum also hopes to raise awareness and recruit members for a local support group called No Failure Circle modelled after Alcoholics Anonymous.

The stigma of failure in school, business or life is very real in tiny Singapore after it transformed itself from a backwater into an affluent financial hub in less than 40 years.

Lum said the 132-page book, launched a week ago with a print run of 5,000 copies, draws on his own experiences. He failed in his university entrance exams, his undergraduate degree in accountancy and a masters programme in commerce. Three businesses flopped. He was unlucky in love too, but has since been married for 16 years and has two children.

Lum's inspiration came from diverse areas. Infants who pick themselves up as they learn to walk, former US president Bill Clinton who bounced back from the Monica Lewinsky sex scandal and Jews who suffered the holocaust are among his icons.

Lum, who failed English in his teens, is already working on his next book.

*Theory K* takes a look at how Singapore's *kiasu* culture, with its accompanying survival of the fittest mentality, can be applied to business. The oft-heard Chinese term literally means "afraid to lose."

But the true success of *I Once Wore Diapers* lies in finding a literary agent to sell it to the United States.

"If we succeed in the United States, the rest of the world will follow," Lum said. "If I fail, it's okay because my book is about failure." — *Reuters*

*Author Michael Lum posing with an unidentified child and his book 'I Once Wore Diapers'.*

Tampines Gazette(2001년 5월)

# Are You Brave Enough?
## – Get up and Walk Again

*"Babies walk and fall. They get up and try again. Babies fall an average of 240 times before they can walk. To babies, there is no failure, only feedback. Adults tend to quit after failing one or two times. We need to revive the spirit of babies in us again."*

— Michael Lum

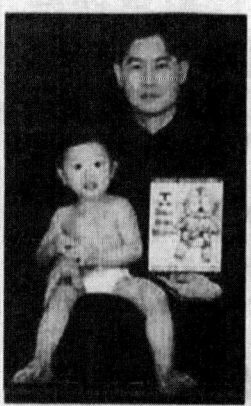

Michael Lum is a brave man. He has a degree in Accountancy and a Masters in Commerce. He has a lovely wife and two teenage daughters. He lives in a private East Coast estate. He has what many Singaporeans feel is a successful life because he has attained the so-called 5Cs. But he was not satisfied. So, Michael dropped everything and switched his job from a qualified accountant to a master trainer. He conducts in-house management training sessions in companies, helping stressed out Singaporeans understand how to cope with stress and failure.

Yet, something was still missing from his life and he made a New Year resolution to do something memorable. That is how it all started. With encouragement from his participants, Michael set aside two years to take up the challenge of writing a self-help book on what he knows best, and he has had no regrets ever since.

When he first started the book, he went scouting in bookstores and libraries to better understand on what makes a book. He wanted something that was simple to understand and interesting so that readers would be attracted to his book.

Finally, his book "I Once Wore Diapers: How to Manage Failure Successfully" was launched on 28 April 2001. With plenty of graphics, large print words, poems, puzzles and true case studies, the book is easy to digest and motivational.

The theme of the book "No Failure, only Success Delayed" describes perfectly Michael's tenacity. He is already working at his second book, "Theory K", a book on the behavioral patterns of Singaporeans and how they succeed. He hopes that through his books, his readers would be able to dim the bulbs of failure, re-ignite the bulbs of hope and move forward again.

The Star(2002년 6월 8일)

# INTRODUCTION

# Failure is not a tragedy

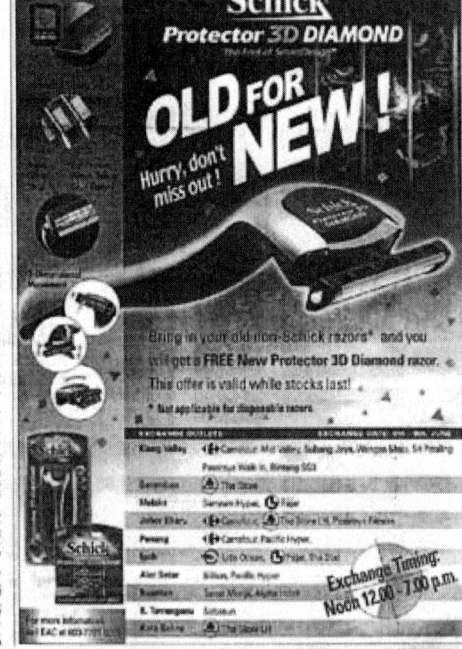

Society of Singapore Writers Newsletter 2002년(싱가포르 작가협회)

## Book Review
# *I Once Wore Diapers by Michael Lum Y.*

*A life-time dream to write a book and a motivation to inspire those who stumble along the road to success brought self-confessed once-a-failure Michael Lum to put together this inspiringly helpful book on managing failures successfully.*

### Reviewed by
### Su-Yin Krishnan

• *Su-Yin Krishnan*

By now most of us are suffering from some form or another of management-guru-theory fatigue. Faced with another self-help book which promises to debunk old-economy mental models, opens our eyes and changes our lives, we think we are either too old, too cynical, or have already heard it all. But spend all of one minute sampling *I Once Wore Diapers* and you will be drawn in by Lum's engaging writing style, clear communication of thoughts, and the way he writes with passion and purpose.

With the appearance of a workbook one would normally receive at an enrichment workshop and written in a simple style that makes for light and easy reading, *I Once Wore Diapers* brings the reader on a journey of discovery and, more importantly, self-discovery.

From framing the definition of success within our culture to showing us the inevitability of failure, Lum guides the reader through the process of recognising the beliefs which shape our attitudes towards failure and our definition of the way to success. He then proceeds to share how, similar to babies (in diapers and learning to walk for the first time - hence the title), we can look upon our failures as experiences to learn from, re-define failure as success delayed, and gain valuable feedback for our future attempts. Only when we know how to handle failure can we manage it successfully.

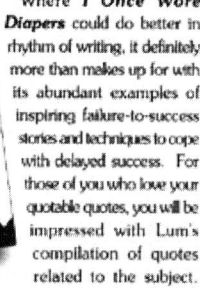

The most important learning point which the author would like us to internalise, it would seem, would be that encapsulated in this question he poses: "How do we do it differently the next time?".

Where *I Once Wore Diapers* could do better in rhythm of writing, it definitely more than makes up for with its abundant examples of inspiring failure-to-success stories and techniques to cope with delayed success. For those of you who love your quotable quotes, you will be impressed with Lum's compilation of quotes related to the subject.

*I Once Wore Diapers* is the kind of book you can pick up at any point in your life and still find something inside for you. Whether or not one actually uses the tools to make changes in the way personal or professional shortcomings are managed, you will no doubt see life in a different way. Because of this, Lum strikes a cord with his readers.

일본언론(1999년 3월 15일)

*Interview with The Japan Journal: Author's desire to pen a book, "I Once Wore Diapers", to inspire failures.*

Monday, 15 March 1999

## 月刊ジャパンジャーナル

**ビジネス・コンサルタント**
**■マイケル・ラム氏**
[失敗から学ぶ]

■安定した職を離れて独立した理由は？

仕事ですね。

■なぜ、本の執筆を決意？

巻(まきた)には、いろいろな自己啓発やハウツー物の本がたくさん出回っていますが、いずれも「どうすれば成功できるか」といったストレスの経験やストレスの処し方などを述べています。シンガポールでは珍しく、私自身の対人関係について、そしてシンガポールでは珍しい、アジア経済危機の煽(あおり)で約3万社もの企業が倒産したり閉鎖されたりした時代の低迷期の今、自分の経験を活かし、失敗から学んで出合っているビジネス・カレッジトレーナーの資格を取得しました。トレーナーという仕事は、身軽と自己啓発(こころ)自己啓発(こころ)だけに偏っているわけではません。私とは、生きていなければなりません。から。

■具体的な本の構想は？

イトルは「I once wore Diapers...」(仮題)(かつてオムツをはいていた)で、私たちは誰しも赤ちゃんの時代、具体的ムツを巻けていて、やがて歩行の練習をします。赤ちゃんの時代、転んでは立ち上がって歩く練習をします。大人になると、幼い時のことを忘れてしまいがちですが、人生も似たようなものだと思います。どんなに失敗しても、いつまでも自己嫌悪(にこんじゃん)だけに陥っているわけにはいきません。我々は、生き限界を克服しません。成功への手段と方法を見出し成功するような内容を目指しています。

■地元来年出来の予定です。タイムズ社も記憶を運営しているラム氏は、「具体的な目標を持つことが大切。「苦境に陥った時自分を支えてくれた家族と友人を大切にすべきだ」と語る。「読書を大事にする」と指摘する。逃かな考物からの苦しかった時の想像すると、今は幸せ。「人の痛みはわからないが、私には苦しかったという自分の経験から「苦労した自分を支えた実は、痛みを感じることができる」ので自信を持っているだけ。

年中暑いシンガポールでも、朝に寒い時間帯がやってきた。日本の冬のように寒くなれないといけない気の部屋が暖房がないまま、気の部屋の空気を再現してしまい、明日のことを思って気の下で寝ていたら、人生も似たような現実を受けとめるだけでは本当かれないだが、せめて無気力に時間を過ごすことだけは止めなければと思う。しかし、現実は、もっと深刻なことに時間を費やして失意はなかなか。(U)

**MICHAEL LUMY,**
Lumiere Systems 経営

シンガポール国立大学卒業、第二ューサウスウェールズ大学応用科学部修士課程(会計学専攻)修了。趣味は読書とジョギング。某証券協会出版社勤務の夫人との間に2女。

連絡先: Fax: (65) 383 1128
lumy1128@nofailures.com

중국언론(1999년 6월 4일)

*Interview with Lianhe Wanbao: Author, a regular speaker on Body Language, interpreting Bill Clinton's Silent Language during his darkest hour in the Monica Lewinsky affair (see Chapter 16).*

# Contents

To Korean Readers  4
Preface  6
About Michael Lum Y  9

Prologue | I Once Wore Diapers  24

### Part I  실패의 재고

Chapter 1 | 성공의 우상  30
Chapter 2 | 실패의 유령  38
Chapter 3 | 우리는 어디에서 실패를 배웠는가?  50

### Part II  실패에 대한 경의

Chapter 4 | 실패는 누구인가?  60
Chapter 5 | 성공적인 실패의 철학  69
Chapter 6 | 신(新)경제에서 재정립된 실패  75
　　　　　　성공적인 실패는 무엇인가?  83
　　　　　　Tool Box | 피드포워드  85

**Part III 성공적인 실패의 기술**

Chapter 7 | 실패 연구원 90
Chapter 8 | 디딤돌 또는 걸림돌? 97
Chapter 9 | 아기들은 실패하지 않는다 102
Chapter 10 | 절대 포기하지 마라 109
Chapter 11 | 실패는 우리의 가장 큰 스승이다 116
　　　　　　A to Z of Managing Failure 122
　　　　　　Tool Box | Weekly Tactical Planning 124

 **Part IV 성공의 속임수**

Chapter 12 | 성공은 필연적으로 좋은 것인가? 128
Chapter 13 | 성공의 가격 134
Chapter 14 | 초기의 성공은 치명적일 수 있다 140
Chapter 15 | 강자조차도 흔들릴 수 있다 147

 **Part V 성공적인 실패의 회복**

Chapter 16 | 실패로부터 회복! 154


Epilogue | 실패는 우리의 손 안에 있다 161

Appendix 1 | 25가지의 성공적인 실패관리의 법칙 164
Appendix 2 | 재정의한 성공과 실패 167

성공적 실패의 서약 169

# PROLOGUE
# I Once Wore Diapers

### Scene I 산부인과 분만실

산부인과 전문의가 분만실에서 어머니의 자궁으로부터 나를 끌어내고 다리를 잡고 거꾸로 매달았다. 그리고는 나의 궁둥이를 후려치고 나는 세상에 나온 첫 울음을 터뜨리게 되었다. 그 후 간호사가 나를 따뜻한 물에 씻기고 옷을 입히고 나면 나는 기저귀를 차게 된 것을 깨닫게 되었다.

### Scene II 침실

6개월이 되었을 때, 나는 기어 다니기(crawl) 시작했다. 10개월이 되었을 때, 걷는 법을 배우기 시작했다. 처음으로 불안정하게 혼자 서게 되었지만 곧 넘어지고 말았다. 그러나 계속 시도를 하여 마침내 굴러 넘어지기 전에 간신히 몇 발자국을 걷는데 성공하게 되었다. 나는 결코 포기하지 않았다. 그것은 하나의 도전(challenge)이었다.

나는 240번의 넘어짐을 기억하고 있으나 그것이 걷고 싶은 나의 욕망을 결코 단념시키지 못했다. "난 또 넘어져, 그러므로 나는 강아지처럼 네 발로 다시 기어 다녀야만 해." 하는 생각(believe)을 버리게 되었다. 대신에 시간이 지날수록 걷고자 하는 나의 결심은 더 강해져 갔다. 그것은 다른 아이들과 같이 걷고자 하는 나의 욕망이었다. 나는 강한 아이가 되고 싶은 꿈을 꾸면서, 독립심을 중히 여겼고, 세상에 나 또한 그들처럼 걸을 수 있다는 것을 입증해 보이고 싶었다.

### Scene Ⅲ 거실

어느 화창한 날, 기적이 일어났다. 짠!(Hey Presto!), 나를 보았다. 나는 어설프지 않게 걸을 수 있게 되었다. 마침내 무의식적으로 걸을 수 있게 된 것을 알았다. 걷기 시작하면서, 나의 매일은 기쁨과 발견(discovery)의 하루하루였다.

어른이 되어서 내가 몇 번의 실패를 하였을 때, 나는 포기하였다. 어떻게 아기들은 실패를 그렇게 성공적으로 다루었을까? 왜 어른들은 그렇게 쉽게 그만 둘까? 결국 우리는 한 때 아기였다.

우리는 아기들의 정신(spirit)을 다시 불러 일으킬 수 있을까? 물론 할 수 있다. 데자뷰(Déjà vu)감정을 가져 오게 하기 위해서는 우리가 한 때 기저귀를 찬 아기였다는 사실을 상기해야 한다.

My Favorite milk is NoFailure

## 성공한 그들은 하나의 공통된 특징을 가지고 있다

Jack Canfield 와 Mark Victor Hansen는 그들의 원고 'Chicken soup for the soul'을 출판하기 위해 33명의 출판업자들을 설득시키는데 실패했다. 하지만 이 책은 3천 만부가 30개국의 언어로 팔려 나갔다.

John Kilcullen의 Dummies 시리즈 책들이 날개 돋친 듯 팔리기 전에 무수히 많은 판매 실패를 겪어야만 했다.

Oscar Hammerstein(1895-1960) 미국의 뮤지컬 대본 작가는 뮤지컬 Oklahoma를 시도하기 전에 5번의 실패를 맛보아야만 했다. 나중에 이 뮤지컬은 269주 동안 계속 되었고 총 7백만 불의 수익을 올렸다.

한국의 15대 김대중 대통령은 대통령이 되기 전과 노벨 평화상을 받기 전까지 많은 고문을 받고 투옥되었으며 대통령 선거에서 3번의 실패를 했다.

헨델(George Handel)은 인생에 실패하였다. 하지만 56세 때에,

고통과 빛 가운데서 260페이지의 걸작 메시아(Messiah)를 24일 만에 집필하였다.

미국의 탐험가 피어리(Robert Edwin Peary)는 7번의 북극 도전에 실패하였다. 하지만 그는 포기하지 않고 8번째 도전을 하여 마침내 성공하였다.

톨스토이(Leo Tolstoy)는 대학에 실패했지만 고전 작품인 『전쟁과 평화(War and Peace)』를 집필하였다.

윈스턴 처칠 경(Sir Winston Churchill)은 말을 더듬고 학교는 실패하였지만 2차 세계 대전을 이끄는 카리스마 있는 영국의 수상이 되었다.

맥아더 장군(Douglas MacArthur)은 웨스트포인트 사관학교에 2번이나 떨어졌다. 하지만 나중에 세계 2차 대전 때 연합군 태평양 사령관이 되었다.

센더스 대령(Sanders)은 66세 나이 때 그의 켄터키 프라이드(KFC) 비밀 조리법을 수 백 개의 레스토랑에 팔려 했지만 실패했다. 하지만 현재 KFC는 국제적으로 누구나 다 아는 이름이 되었다.

They have tasted Failure. Have we?

# Part I

## 실패의 재고
### Failure Revisited

# CHAPTER 1
# 성공의 우상
**The Idols of Success**

"Success demands strange sacrifices from those who worship her."
-Aldous Huxley-

**모든 세상은 성공을 숭배한다**(The whole world worships success)

모든 사람은 성공을 수용하거나 아주 좋아한다. 우리가 하는 모든 것들은 반드시 성공을 가져다 준다. 사회는 성공의 신에게 절하고 숭배하기를 요구한다. 우리는 성공이 괴성을 치는 것을 아주 분명하게 듣는다. 우리 몸 안의 모든 세포들이 성공의 선율에 울려 퍼진다. 그 선율은 우리 마음의 석판에 새겨진다.

☑TIP 세상은 항상 1등 만이 살아 남고 성공한 자만이 기억되며 1% 소수가 99%의 다수를 다스릴 수 있는 구조를 가지고 있다. 따라서 인간은 태생적으로 성공을 원하며 그것을 위해 모든 것

을 희생한다. 즉 목적을 위해 수단과 방법을 가리지 않는 비 인격적 태도와 성공지향주의 때문에 성공에 대한 맹신이 자연스럽게 생긴다.

### 우리는 성공의 극본에 의해 산다(We live by the success script)

사회는 우리에게 미리 형성된 틀을 던진다. 따라서 우리는 반드시 두뇌(Brains), 체력(Brawn) 그리고 은행구좌(Bank accounts)와 같은 3개의 B를 가져야 한다. 사회는 우리가 총명하고, 고상하며, 말을 유창하게 하여 깔끔하고 보기 좋은 인물이 되기를 기대한다. 우리는 시험에서 좋은 성적을 받고 사회생활을 잘 하도록 (excel) 압력 받는다. 결혼 적령기가 되었을 때는, 우리와 비슷하게 매력적이고 성공적인 사람과 결혼을 예상한다. 그 후 아이를 갖게 되고 그 아이들은 어린 시절부터 성공을 성취할 수 있도록 분류되어 억압된 생활을 하게 된다. 그러한 압력들은 사회 관습상 필요하다. 얼마나 힘든 사회(demanding society)에 살고 있는가! 신이 도중에 실패한 사람들을 돕기를 기원한다.

☑TIP 우리는 사회 관습상 완성된 선입관으로 살게 되면서 개인의 독립적이고 주관적인 삶보다는 포괄적인 삶 속에서 모든 것이 뛰어나고 경쟁에서 이길 수 있는 능력과 자세를 갖도록 강요받는다. 그런 것을 당연히 여기는 사회풍토 속에서는 획일적인

삶에서 벗어나지 못한다. 마치 영화배우가 극본에 의해 무대에서 연기하는 것처럼 우리도 자연스럽게 성공의 극본에 의해 적극적이고 진취적인 삶보다는 수동적이고 남을 의식하는 주어진 삶을 살게 된다.

### 사회는 성공을 강화한다(Society reinforces success)

우리의 사회는 성공모델을 강화한다. 엘리트 학교들은 시험이나 스포츠 등에 탁월한 능력이 있고 전문적인 사람을 받아 들인다. 일자리 광고는 최상 10%로 갖추어진 집단으로 결성된 졸업자들의 신청서를 받는다. 성공적인 신청자는 정통영어(Queen's English)로 또렷이 발음하고 복 받은 잘 생긴 이목구비를 가져야 한다. 광고들은 일시적인 소유물로 공개적으로 멋지고 당당한 실리콘 모델(siliconed model )과 풍부한 물자를 옹호(advocate)한다.

일본에서의 성공의 의미는 학교에서 뛰어나게 공부하여 일류 대학에 진학하는 것을 의미한다. 부모들의 사랑은 학교의 성적과 같다(equate to performance in school). 큰 회사에 취업하는 것은 적합한 직업이나 기량보다는 졸업한 대학에 달려 있다.

중산층(bourgeois)들은 상류 사회층과 어울릴 수 있는 칵테일 파티에 초대된다. 그들은 여흥(appetizer)부터 디저트까지 풀 코스를 즐긴다. 빈티지 보르도 포도주를 러시아 캐비아와 함께 들이켠다. 소시민(petit bourgeois)은 빵을 먹는다. 만약 그것이 남아 있다면, 노동자(proletarian)들이나 실패자들은 빵 부스러기를 차지하기 위해 서로 앞다툰다. 그것이 인생이다(c'est la vie).

☑**TIP** 사회에서 일반적 성공의 의미는 일류대학 졸업 후 대기업에 들어가서 파티를 즐길 수 있는 상류층이나 중류층에 속하는 자격을 갖는 것을 의미한다. 이것은 먼저 학구적 능력(성적)으로 경제적 능력(취업)이 결정되기 때문에 일류대학 입학은 곧 사회에서의 성공으로 연계하여 보는 것이 일반적이다. 따라서 부모들은 자녀들에게 학원과 과외 등을 통해 최고의 성적을 희망한다. 이것은 사회의 요구에서 기인한다고 볼 수 있다.

### 우수함을 찾아서(In Search of Excellence)

단순히 성공만으로 충분하지 않다. 일류 중의 일류(creme de la crème)가 되어야 한다. 메달과 트로피의 수여와 창출은 우리가 최고가 되기 위해 노력한다는 믿음을 강화시킨다. 자동차의 상징(emblem)과 대학의 가문(coat of arm)은 시장에서 그들의 위치를 미화한다(glorify).

우수함(excellence)을 향한 열정으로 인하여, 우리는 협력하기보다는 경쟁한다. 우리 자신의 출세를 위한 욕망 때문에 다른 사람들을 짓밟고 협동심을 저버린다. 더 심각한 것은 진실성(integrity), 정중함(chivalry) 그리고 충실함(loyalty)과 같은 유서 깊은 전통 가치를 버려야 한다는 것이다. 그 결과로써 우리는 실패를 받아 들이지 못하며, 용인하지 못하며 그리고 관리하지 못한다.

☑TIP 매슬로우의 욕구 5단계 이론에 따르면(Abraham Harold Maslow) 인간은 생리적 욕망(The physiological needs)이 채워지면 그것에 만족 못하고 마지막 단계인 자아실현(self-actualization)을 위한 노력을 하게 된다고 한다. 하지만 4단계인 존경욕구에 도달하게 되면 자신의 능력을 인정받고 업무를 성공적으로 수행하고 싶은 욕망을 이루고자 한다. 이때, 우리는 동료들과 협동하기보다는 치열한 경쟁을 하게 되고 목적을 위해 수단과 방법을 정당화시키고자 하는 마음에서 본문에 언급된 진실성과 충실함을 쉽게 포기할 수 있다. 단순한 성공이 아닌 일류로 향한 열정과 욕망은 개인의 욕구이기도 하지만 이제는 사회현상(social phenomena)이라 볼 수 있을 만큼 일반화되어 있는 것이 작금의 사회로 인정된다.

### 성공의 전형적인 특징(Hallmarks of success)

유감스럽게도 돈, 물질적인 부 그리고 명성은 단지 우리 성공의 척도(yardstick)일 뿐이다. 과시해 보이는 신용카드의 색깔, 운전하는 자동차의 차종(브랜드: marquee), 거주하는 지역 그리고 직

책들은 우리가 성취한 것들의 외적인 표명(manifestation)일 뿐이다. 사회는 이런 것들을 통해 우리를 구분한다. 왕자 또는 극빈자? 왕족 아니면 평민?

우리가 한 분야에 성공했다면, 불쌍하게도 다른 분야에서는 실패한 것이다. 콜롬비아 여성 상원의원인 Piedad Córdoba는 "우리에게, 성공의 의미는 사랑의 패배를 의미한다." 라고 안타깝게 표현했다. 그것은 컬럼비아에서 이혼하거나 별거하고 있는 3명의 가장 영향력 있는 여성들을 명백히 언급한 것이었다.

☑TIP 우리는 사람을 외형으로 평가할 때가 많다. 무엇을 가지고, 어디서 살며, 어떤 직업 군(white or blue color)에 속하는지에 의해 그 사람의 인생이 성공이냐 실패했느냐를 판단하는 기준으로 삼는다. 하지만 그런 것들은 삶의 한 부분이지 전체를 의미하는 것은 아니다. 보여 주기 위한 삶, 경쟁적인 삶, 그리고 물질적 부만을 추구하는 삶은 자신뿐만 아니라 사회 전체를 '일류병(a passion for top class )'에 들게 만든다.

### 새로운 기준점이 필요(New Benchmarks Needed)

불행하게도 우리의 성과에 대한 기준은 전능한(omnipotent) 돈이다. 어떻게 우리는 다른 형태의 성공을 평가할 수 있는 지표(indices). 예를 들면, 취미, 개인가치, 공동체 노력, 관계, 가족, 만족감, 건강, 그리고 행복 등등의 것들을 가질 수 있을까? 만약 그러한 지표들이 가능하다면, 우리의 임시적이고 세속적인 소유물의 패러다임은 근본적으로 바뀌게 될 것이다. 만약 실패가 우리 성공의 지표(barometer)로 보여 진다면, 실패에 대한 세계의 의견은 근본적으로 달라질 것이다.

☑TIP 돈은 우리가 사는데 필요한 필수 요소 중 하나로써 우리의 노동 행위의 대가로 받는 교환재의 역할을 한다. 살아 가는데 필요한 것들을 충족시키기 위해 우리는 돈을 사용하기 때문에 돈이 많다는 의미는 풍족하고 안락한 삶을 영위할 수 있는 능력이 있다는 것을 의미한다. 하지만 이것은 육체적 만족만을 위한 도구이기 때문에 추상적 또는 정신적인 것들에 대한 성취는 결코 돈으로 해결될 수 없다. 따라서 성공의 기준을 돈이나 사회적 지위가 아닌 다른 것으로 정한다면 우리 삶의 기준과 태도도 달라질 수밖에 없을 것이다. 예를 들면, 종교인들은 수양의 깊이, 화가는 감정 표현의 정도, 근로자는 작업의 정성도 그리고 교사는 올바른 인재 양성을 위한 헌신도 등에 맞춘다. 돈은 원래의 용도인 '교환재'로 사용되며 우리들의 삶은 비교 대상이 아닌 더불어 사는 삶으로 성공의 기준을 다양하게 나눌 수 있다.

"By different methods different men excel,
But where is he who can do all things well."
-Charles Churchill-

# CHAPTER 2
# 실패의 유령
**The Haunt of Failures**

"The young think that failure is the Siberian end of the line, banishment for all living and tend to do what I then did-which was to hide."
-James Baldwin-

### 미안하지만, 실패에 대한 여지가 없다(Sorry, No Room for Failures)

우리는 실패에 관해서는 전적으로 견디지 못하고 힘들어 하는 사회의 일원이다. 우리는 실패를 이해하거나 존중할 수 없는 공동체에 살고 있다. 따라서 실패는 경멸적인 것이다. 우리는 두려움에 실패를 바라 본다. 실패한다는 것은 가장 심각한 실수이다. 따라서 우리가 실패한다는 것은 절대 있을 수 없다. 실패에는 재앙이 따르리라(woe betide failures).

☑ **TIP** 우리의 사회는 강자에게 인자하고 너그럽지만 약자나 실패자에게는 가혹할 만큼 잔인한 적자생존(survival of the fittest)의

경쟁 사회에 살고 있다. 태어나면서부터 일류 대학과 좋은 직장을 위해 교육이 아닌 사육 수준의 훈련을 통해 성공만을 위해 달리는 현 사회에서 한 번의 실패는 단순히 일이 잘못된 문제가 아닌 사회에서의 낙오(straggler)를 의미할 만큼 중대 문제로 자리 잡았다.

### 실패의 희소식(The Good News of Failures)

실패의 소식은 사회의 각 층을 통해 알려진다. 소문을 통해, 우리의 동료나 친구들에게 널리 퍼진다. 모든 세상은 정말로 비밀을 폭로하는 문제들과 스캔들을 좋아한다. 실패를 명쾌한 소설처럼 선정적으로 다루는 타블로이드 신문보다 더 자극적인 것은 없다.

다른 사람들이 독수리처럼(vulture) 조바심을 내며 우리가 실패하기를 기다리는 동안, 몇 명의 친구들은 우리의 실패 소식에 아주 즐거워한다. 만약 친구들이나 친척들이 우리가 성공하기를 원한다고 믿을 정도로 순진하다면, 다시 생각해 봐라.

☑TIP 실패에 대한 소식은 사람들에게 좋은 가십(gossip)거리이며 빠른 속도로 퍼져 간다. 경쟁적인 사회에서 살다 보니 다른 사람이 성공하는 것보다 실패하는 경우에 더 안심을 하게 되는 현상이다. 인터넷의 악플을 보면 쉽게 수긍된다. 한 연예인이 미

국의 유명대학을 나온 것에 대한 관심은 검찰과 미국의 대학까지 움직일 정도로 사회화되었고 이와 비슷한 현상은 계속해서 터지고 있는 것이 현실이다. 자신의 들보는 보지 못하고 다른 사람의 티만 보려는 이런 현상은 사회 구조적 문제와 함께 개인의 성장 과정에서 올바른 인격교육과 정체성에 대한 충분한 교육의 부족 때문이다.

### 적용되는 예(Cases −in- Point)

다음은 거의 매일 일어날 수 있는 실패의 예들이다.

고등학교 시험에 떨어진 후, 올리버는 재수하기를 원하지 않았다. 그는 공부에 재능이 없다고 믿고 취업 전선에 뛰어 들었다. 하지만 10년이 지난 후에도, 그는 선적 사무원으로 같은 자리에서 일해야 했다. 그는 학력위주 사회에서는 그에게 기회가 없다는 것에 대해 불평하였다. 그는 한 번의 시험 실패로 침체되어 쉽게 미래를 포기한 것이었다.

조프리(Geoffrey)는 그의 첫 벗째이자 유일한 연애사건인 대학 동료와 짝사랑을 경험한 후, 여자와 사귀는 것을 피하고 혼자 사랑에 속 태우는 은둔자이다. 현재도 그는 독신남이고 어떤 여자에게도 그의 마음을 주지 않는다. 많은 여자들이 그와 사귀고 싶어하지만 그의 첫사랑 실패 경험은 아직도 그의 마음을 닫아 여자를 사귀는 것에 영향을 끼치고 있다.

제인은 그녀의 창작 재주를 활용하기 위해 광고회사의 카피라이터가 되고 싶어했다. 면접에서 그녀는 광고회사 임원의 까다로운 질문 등에 말을 더듬거렸다. 그녀는 자신의 실망스런 행동에 대해 엄청난 충격을 받았다. 면접에서 떨어진 후, 그녀는 광고산업과 관련된 어떤 일도 하지 않기로 맹세했다. 한 번 떨어진 면접 때문에 오늘날, 그녀는 그녀의 창작성을 전혀 살릴 수 없는 비서로 일하고 있다.

매튜는 백화점에서 셔츠를 구입할 때 뜻밖의 무례한 서비스를 받게 되어 그는 다시는 그 가게에 들어가지 않기로 맹세했다. 또한 그의 불쾌한 경험을 다른 사람에게도 주의를 주었다. 그는 짜증나는 영업사원과의 만남 때문에 이 가게에서 싸게 살 수 있는 기회를 놓쳤다.

한 번의 좋지 않은 실패의 경험 때문에 우리의 삶을 결정해야만 하는가? 우리는 실패로부터 배울 수는 없는가?

☑**TIP** 누구나 한 번의 실수나 실패는 할 수 있는 것이지만 우리는 가끔 마치 한 번의 실패를 인생의 전체 전조(omen)로 생각하고 그 후에는 그 일을 의도적으로 피하거나 회피하는 것에 대해 정당성을 주어 행위를 자기 합리화한다. 이것은 실패를 '현재 진행형'이 아닌 '종지형'으로 이해한 결과이다. 우리의 삶을 한 번의 성공이나 실패로 평가하기에는 우리의 인생이 너무 길다.

### 실패란 무엇인가?(What is Failure?)

코빌드 영어사전에 의하면,
만약 당신이 시도하려던 어떤 일을 하지 못한다면, 당신은 그 일을 할 수 없거나 성공하지 못한 것이라고 알기 쉽게 설명한다. 만약 사업, 조직 또는 어떤 제도로 실패를 했다면, 그것은 계속 존재하지 못하거나 계속해서 운영하지 못한다는 것을 의미한다. 즉 실패란 무엇인가를 성취하려거나 하려는 것의 성공이 부족한 것(a lack of success)이다.

미국 웹스터 새 세계사전은 실패를 다음과 같이 정의한다.

- ~에 미치지 못하다. ~이 부족하다(lacking). 또는 충분하지 못하다.
- 힘을 잃다. 또는 약화시키다.
- 운영이나 일을 정지하다.
- 의무, 책무, 예상 등이 부족하다. 태만하다.
- 원하던 목표를 성공적으로 얻지 못하다.
- 결핍/파산하다.
- 합격하지 못하다.

따라서 실패는 행위(act), 상태(state), 또는 실패한 사실을 말한다. 또한 실패한 사물 또는 사람을 의미하기도 한다.

비전문가적인 의미로 정의를 내린다면,

- 우리가 의도했던 결과를 성취하지 못한 것
- 획득하지 못한 것
- 관습, 사회, 그 외 사람들의 기대에 미치지 못하는 것
- 올바른 것을 하지 못하거나 충분히 하지 못한 것
- 남에게 뒤지는 것(Not keeping up with the Joneses)

☑TIP 실패에 대한 다양한 사전적 의미가 있지만 공통적인 것은 기대했던 것에 대해 원하는 만큼의 결과가 나오지 않은 행위나 상태를 의미한다고 볼 수 있다. 즉 아직 끝난 것이 아닌 진행 중인 상태이므로 언제든 자신이 원하면 계속해서 추진하여 원하는 목적을 이룰 수 있다. 결국 실패란 한 행위가 완전히 끝난 '종지형'이 아닌 아직도 '진행 중'인 일을 스스로 포기하여 다시는 그 행위를 하지 않는 상태라고 정의 내릴 수 있다.

### 새 단어: Nofailure(New Word: Nofailure)

영어에서는 접두사를 통해 그 의미가 뒤 바꾼다. 예를 들면, 접두사 'mis'를 긍정적 의미를 가진 동사 'behave(예의 바르게 행동하다)' 앞에 붙이면, 부정의 뜻을 가진 'misbehave(못된 짓을 하다)'로 된다. 마찬가지로, 접두사 'un'을 'pleasant(유쾌한)' 앞에 붙이면, 원래의 뜻과 반대되는 'unpleasant(불쾌한)'로 된다.

접두사를 항상 쓸 수 있는 것은 아니다. 예를 들면, 접두사 'no'를 부정단어 앞에 붙여서 긍정적인 단어로 만들 수는 없다. 왜 우리는 'no'같은 접두사를 부정적 단어인 'fail', 'worry', 그리고 'pain' 앞에 붙일 수 없을까? 그러면 'nofail', 'noworry' 그리고 'nopain' 같은 신조 단어들이 만들어질 텐데.

매년 2만 단어 이상의 신조어들이 만들어진다. 'nofail'과 'nofailure' 같은 새로운 두 신조어를 만들고 싶다. 긴 안목으로 보면, 우리는 실패, 걱정, 곤란 그리고 부정적인 의미를 함축하고 있는 단어들의 개념을 가지고 있는 사람들에게 긍정적인 태도를 불어넣어 줄 것이다.

☑TIP 단어는 우리의 추상적인 생각이나 감정을 전달해 주는 인간만이 가지고 있는 커뮤니케이션 도구이다. 필요에 따라 또는 환경에 따라 새로운 단어는 탄생되고 사회가 복잡할수록 단어의 개념도 세분화되는 경향이 있다. 저자가 이곳에서 논의하고자 하는 것은 부정적 의미를 가진 fail에 접두사 'no' 나 'not'을 사용하여 부정적 개념을 긍정적 사고로 바꾸려는 저자의 의지를 보여주는 듯하다.

실패는 어디에서 나오는가?(Where Failure strikes?)

실패는 사람과 사건을 가리지 않는다.

· 집(Home)

· 가족(Family)

· 관계(Relationship)

· 시험(Examination)

· 사업(Business)

· 투자(Investment)

· 새 벤처(New Ventures)

· 과제(Assignment)

· 직업(Career)

· 건강(Health)

☑TIP 실패는 행동과 상태 모두를 포함하기 때문에 우리가 살거나 일하는 장소 및 환경은 물론 계획하고 행동하는 사람 자체도 포함된다. 즉 우리가 사는 동안 무엇인가를 계획하고 기대한다면 반드시 성공과 실패가 따르기 마련인 것이다. 종교에서는 이것을 '인간은 계획하고 신이 이룬다.'고 하여 인간의 계획이나 행동이 반드시 100% 이루어질 수 없다는 것을 전제하여 실패의 당위성에 대해 미리 경고한다. 맹수의 경우, 사자의 사냥 성공률이 약 15% 정도, 호랑이의 경우 약 10% 정도이지만 아직도 멸종되지 않고 사는 것을 볼 때 실패와 성공의 횟수와 우리 삶의 지속과는 큰 관계가 없고 다만 포기하느냐 아니면 계속 도전하느냐에 따라 삶의 질과 지속이 결정되는 것 같다.

### 실패의 원인들(Causes of Failure)

실패에는 많은 원인들이 있다.

- 예견할 수 없는 사건들
- 통제할 수 없는 환경
- 잘못된 또는 부족한 자원(인력, 정보, 재원 등)
- 잘못된 태도(attitude)
- 변화에 적응 부족
- 지속성 부족
- 집중 부족
- 헌신 부족(commitment)
- 동기 부족
- 재능과 임무의 불일치(mismatching)
- 계산착오 또는 잘못된 시기선택
- 잘못된 관계 또는 커뮤니케이션 기량

☑TIP 이 외에 많은 원인들이 있다고 본다. 중요한 것은 실패의 정의를 어떻게 내리고, 어디까지를 실패로 간주하느냐에 따라 원인들의 다양한 카테고리를 이뤄야 한다. 예를 들면, 이루고자 하는 강한 의지력과 능력이 있다 해도 환경이 맞지 않거나, 모든 환경이 잘 갖추었더라도 하려는 의지가 전혀 없다면, 그 일은 결코 완성시키지 못할 것이다. 유기적으로 복잡하게 연계되어 있는 우

리 삶을 계량학적으로 측정하고 이해하는 데는 한계가 있다. 그러나 적어도 여기 언급된 원인들을 참고로 한다면 실패확률은 줄일 수 있을 것이다.

### 실패 지수 테스트(The Failure Quotient Test)

| 번호 | 내 용 | 답변 | |
|---|---|---|---|
| 1 | 자신이 실패했다는 것을 인정하는가? | Yes | No |
| 2 | 실패를 무조건적으로 받아 들이는가? | Yes | No |
| 3 | 실패에 대한 책임이 자신에게 있다고 느끼는가? | Yes | No |
| 4 | 실패할 준비가 되어 있는가? | Yes | No |
| 5 | 실패를 피하는가? | Yes | No |
| 6 | 실패에 도전하는가? | Yes | No |
| 7 | 만약 실패를 한다면 당황스러워 하는가? | Yes | No |
| 8 | 실패가 나의 자부심을 파괴하도록 두는가? | Yes | No |
| 9 | 실패를 오명이라 생각하는가? | Yes | No |
| 10 | 겸손하게 다른 실패들을 살피는가? | Yes | No |
| 11 | 아직도 나의 실패를 기억하는가? | Yes | No |
| 12 | 실패를 위험한 만남(encounter)으로 여기는가? | Yes | No |
| 13 | 실패와 자신을 따로 구분 짓는가? | Yes | No |
| 14 | 실패했을 때, 다시 도전하는가? | Yes | No |
| 15 | 실패했을 때, 신, 운명, 나의 별자리 등을 탓하는가? | Yes | No |

| 16 | 실패를 자원으로 인정하는가? | Yes | No |
|---|---|---|---|
| 17 | 나는 '잘 배우는 사람'이고 실패로부터 배울 수 있다고 생각하는가? | Yes | No |
| 18 | 어떻게 실패로부터 벗어 나는지를 알고 있는가? | Yes | No |
| 19 | 어떻게 해야 다시 성공할 수 있는지를 알고 있는가? | Yes | No |
| 20 | 실패를 잘못 관리하거나 삶을 제어하지 못하는가? | Yes | No |

- 질문 5, 7, 8, 9, 10, 11, 15, 20을 No라고 대답할 경우 1점
- 나머지 질문을 Yes 라고 대답할 경우 1점
- 15-20점: 어떻게 성공적인 실패를 하는지 알고 있으므로 성공은 가깝다.
- 10-14점: 잘 배우려는 사람이기에 곧 높은 단계에 도달할 수 있다.
- 6-9점: 실패자이기 때문에 실패관리교육이 필요하다
- 5점 미만: 희망 없는 실패자. 이 책을 끝까지 주의 깊게 읽어 보세요.

☑TIP 이 외에도 직업, 성격, 환경 등에 따라 스스로의 행동 패턴을 고려해 *self-checklist*를 만들어 활용해 보라.

"A living failure is better than a dead masterpiece."
-George Bernard Shaw-

# CHAPTER 3
# 우리는 어디에서 실패를 배웠는가?
### Where did we learn Failures?

"School is where you go between when your parents can't
take you and industry can't take you."
-John Updike-

## 물음표, 콤마 그리고 마침표(Question Marks, Commas and Periods)

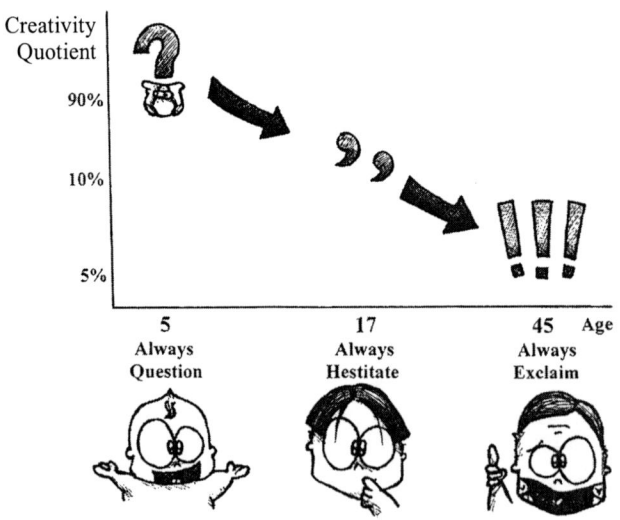

우리는 '물음표' 같이 호기심으로 가득 찬 기분으로 학교에 입학한다. 왜 교통신호등이 파란 불일 때 차들이 움직일까? 왜 남학생들은 치마를 입지 못할까? 우리는 콤마처럼 천천히 학교에서 배운다. 그러다가 바보처럼 보일까 봐 두려워 질문을 그만 두면서 마침표처럼 졸업을 하게 된다. 졸업 후 취업해서 일하게 되는 경우, 우리가 무엇을 하든지 간에 학교 다녔을 때와 같은 과정을 밟다가 '느낌표 인생'을 살게 된다. 이것이 인생이나.

탐구와 모험 정신은 학교졸업을 하자마자 사라진다. 우리는 막연한 미래에 대한 두려움으로 인력시장에 끼어들게 되고 위험과 노력의 정신을 기초로부터 다시 배워 나간다.

5세가 되면 아기의 창조지수는 90%이다. 17세가 되면 청소년들의 창조지수는 10%로 곤두박질친다. 45세가 되어 중년 위기로 시달리게 되면서 창조지수는 5%로 급강하한다.

**☑TIP** 우리의 인생은 마치 물음표, 콤마, 마침표 그리고 느낌표처럼 성장하면서 많은 호기심을 갖게 되지만 시간이 지남에 따라 호기심은 두려움으로 변하게 되어 나중에는 점점 수동적이고 폐쇄적인 사고나 태도를 취하게 된다. 생물학적인 원인도 있겠지만 환경이나 개인의 노력과 의지력도 크게 영향을 끼치는 만큼 긍정적 사고와 태도를 갖는 것이 무엇보다 중요하다.

**아인슈타인(Albert Einstein)**

　순진한 어린이와 같은 생각을 가진 아인슈타인은 시간과 공간에 대한 생각을 완전히 새로운 관점에서 바라 보았다. 4살에 병이 걸렸을 때 그의 아버지는 자석나침반을 그에게 사다 주었다. 그 당시 왜 바늘은 항상 북쪽을 향하는지에 대한 그의 호기심은 평생토록 그에 대한 답을 찾도록 유도하였다.

　어느 화창한 날에, 아인슈타인은 언덕 위에 앉아 자신이 태양광선의 빛 줄기를 타고 지구주위를 도는 꿈을 꾸게 되었다. 그의 여행 마지막에 여행 출발점으로 돌아 왔다. 아인슈타인은 그때 지구는 둥글다는 추론을 하게 되었다. 그는 우리가 구 모양의 공간에서 사는 딱정벌레와 같다고 비유하였다. 커다란 구체(a large globe) 위를 기는 딱정벌레는 곡선 구체 위를 움직인다는 것을 깨닫지 못하는 것처럼 우리도 둥근 행성에 사는 것을 지각하지 못한다고 생각하였다.

　아인슈타인의 어린아이와 같은 순진한 상상력은 그의 상대성이론의 기초에 대해 열의를 갖게 만들었다. 그의 유명한 이론 $E=mc^2$는 세계 2차 대전을 끝내게 한 원자폭탄 개발을 이끌게 했다.

☑**TIP** 아이들의 잠재되어 있는 상상력을 공상으로 만드느냐 아니면 창조로 만드느냐는 어른들의 관심과 교육의 도움이 있어야 한다. 호기심과 관심을 갖도록 도와주고 체계적인 방법으로 단순한 생각에서 논리적인 사고력으로 방향을 바꾸어 준다

면, 감성적(sensible)이고 이성적인 성인으로 성장할 것이다. 성공과 실패라는 이분법(dichotomy)적 사고에서 벗어나 건설적인(constructive), 생산적인(productive) 그리고 진취적인(go-ahead) 태도로써 세상을 바라 본다면 우리의 자녀들도 아인슈타인처럼 도전적인 삶을 살게 될 것이다.

### 토마스 에디슨(Thomas Edison)

어린아이와 같이 채울 수 없는 호기심은 에디슨을 다양한(prolific) 발명을 하게 만들었다. 어린아이였을 때, 그는 밀라노에 있는 조선소를 찾아 가서 묻곤 했다 "왜 해머소리를 듣기 전에 해머 치는 것을 먼저 볼 수 있을까요?" 만약 우리가 어린아이와 같은 수준의 질문과 환상으로 되돌아 갈 수 있다면, 그 노력의 결과는 성공에 더 가까이 다가가게(forthcoming) 될 것이다. 하지만 우리의 교사나 부모들은 우리에게 조용히 하고 공상을 꾸지 말라고 경고한다.

### 학교로부터 실패를 배운다(We learn Failure from School)

학창 시절, 학교에서는 성공을 흠모하도록 주입시킨다. 성공과 실패는 마치 천국과 지옥과 같다. 천국은 실패하는 것을 금지시킨다. 우리는 실패자들에겐 잘난체하며 바라보지만 졸부들에겐 영웅숭배 한다. 역시 친구들도 실패자들을 피하고 성공한 사람들과 파티를 한다. 우리가 실패한 그 날이 바로 심판의 날이다. 그 날은 누가 우리의 진실한 친구인가를 아는 날이다.

☑TIP 어린 시절, 대부분의 시간을 학교에서 보내기 때문에 학교의 영향은 클 수밖에 없다. 하지만 시험이 곧 대학입시와 취업과 연계되어 있기 때문에 진정한 우정과 교류보다는 치열한 경쟁상대로 인식해야 하는 현재의 교육체계에 아이들은 어려서부터 성공(우등생)과 실패(낙제생)의 결과에 대한 의미를 알 뿐만 아니라 성인 세계와 같은 서열 층(hierarchy system)을 갖게 된다.

### 시험제도(The Examination System)

학교제도는 성공과 실패의 개념으로 착수되고 강화된다. 아래는 싱가포르의 시험제도를 통한 전형적인 채점등급으로 조사한 표이다.

| 점수 | 등급 |
| --- | --- |
| 75% 이상 | A grade |
| 65% ~74% | B grade |
| 55%~64% | C grade |
| 45%~54% | D grade |
| 45% 미만 | F9 grade |

만약 우리가 45%미만의 점수를 받게 되면 실패자로 낙인 찍힌다는 것은 우리 마음속에 깊이 새겨져 있다. F9을 받고 벌 받지 않기 위해 최소한 두려움으로 우리는 공부한다. 시험에 떨어질 경우에는 질책과 벌을 받을 가능성이 많다. 흥미롭게도 왜 45%가 성공과 실패의 기준이 되느냐이다. 만약 한 학생이 밤새도록 공부해 시험에서 61% 성과를 올렸다면 그는 합격으로 처리된다. 그러나 그는 열심히 공부했지만 61% 밖에 성취하지 못하여 실패했다고 여긴다. 전혀 공부를 하지 않은 다른 학생의 경우 41%의 성과를 이루었다면 실패자라는 꼬리표가 붙을 것이다. 하지만 그는 전혀 공부하지 않은 상태에서 41%의 성과를 올렸기 때문에 실제적으로는 성공한 것으로 볼 수 있다. 만약 그가 좀 더 노력한다고 가정한다면, 그의 성적은 놀랄 만큼 향상될 것이다. 교육체계는 성공과 실패의 차이점을 나누어 지도하기도 한다. 실패는 우리가 학생일 때부터 이미 우리 마음속에 문신되어 있었다.

　다음의 인물들은 학교교육제도를 제대로 받지 못하였지만 세계를 변화시킬 만한 업적을 쌓은 인물들이다.

아인슈타인(Albert Einstein)

　아인슈타인은 학교가 조직화되고 구조적이기 때문에 학교를 싫어하였을 뿐만 아니라 군대 퍼레이드에 대해서는 혐오감을 가졌다. 권위를 혐오하고 도전하는 그의 성격은 그의 선생님이 답변 못할 질문을 하거나, 학교가 제공하지 못하는 것은 스스로 답을 찾기도 했다. 결국 15세 나이에 그는 학교를 중퇴하고 스스로 과학과 미적분학에 몰두하였다.

아인슈타인의 나쁜 기억력, 특히 언어에 대한 암기력이 좋지 않았던 그는 형편없는 그리스어 성적 때문에 그리스어 선생님으로부터 "네가 무엇을 하든, 너는 절대로 아무것도 이루지 못할 것이다." 라는 말을 들었다. 역시 다른 선생님도 "네가 우리 반에 존재하는 것만으로도 내 학급의 존경심을 잃게 한다." 라고 조롱하였다. 결국 그의 아버지는 교장선생님을 찾아가 아인슈타인이 무엇을 하는 것이 좋을지 상담하자 "어차피 아이는 아무 것도 할 수 없으니 신경 쓸 필요 없소." 라고 충고하였다.

하지만, 아인슈타인은 1999년 20세기를 마무리 하면서 타임지(TIMES)에서 뽑은 20세기의 인물로 선정되었다.

**쇼이치로 혼다**(Soichiro Honda)

혼다는 그의 초등학교인 야마히가시 학교를 엄격함 때문에 싫어하였다. 그는 무단 결석해 놀기도 하였고 성적표에 가짜 부모 도장을 찍어 위조하기도 했다. 하지만 그 후 그는 탐사와 실험을 통해 스스로 공부하기 시작하였다. 그리고 나중에는 그의 이름과 같은 세계에서 유명한 '혼다' 오토바이와 자동차를 제조하는 회사를 운영하게 되었다.

### 아키오 모리타(Akio Morita)

아키오 모리타의 어머니는 기계적인 전축으로 고전음악을 듣는 것을 즐겼다. 얼마 후 그녀가 전기전축을 구입하였을 때, 모리타는 전기에 대한 관심을 갖게 되었다. 그 후 그는 전기장치들을 만드는데 많은 시간을 투자하였다. 그의 선생님은 어머니에게 그의 학업에 관해 자주 주의를 주었다. 학교 교장 선생님 또한 징기적으로 그와 상담을 하였다. 그들은 모리타를 수업에 집중할 수 있도록 학급 앞에 세워 두었다.

모리타는 혁명적으로 언제 어디서나 음악을 쉽게 들을 수 있는 세계에서 가장 작은 워크맨과 디스크맨을 만들었다.

☑TIP 부모들은 공교육의 교육 획일성과 성과위주의 교육에 전적으로 자녀들을 맡기지 말고 자녀가 '자기주도형' 학습 방법에 의해 미래를 스스로 개척하고 해결할 수 있도록 도와 주어야 한다. 또한 순간의 실패는 성공을 위한 디딤돌의 역할로 만들 수 있다는 확신과 흔들리지 않는 의지력을 갖도록 방향을 잡아 주어야 한다.

# Part II

# 실패에 대한 경의
Salute to Failure

# CHAPTER 4
# 실패는 누구인가?
## Who is Mr. Failure?

"The men who try to do something and fail are infinitely
better than those who try to do nothing and succeed."
-Lloyd Jones-

### 실패의 일곱 가지 특질

하나, Failure is Temporary. 실패는 일시적이다.

실패는 우리가 영원히 빠져 헤어 나오지 못하는 블랙홀이 아니다. 그것은 단지 임시일 뿐이다. 실패는 늦어지는(delayed) 성공이다. 우리는 다만 성공을

"Success is always temporary;
success is only delayed failure."
-Graham Greene-

늦추고 있을 뿐이다. 바다의 조수처럼, 실패의 썰물이 빠져 나간 후 성공의 파도가 해변에 밀려오는 것이다.

'실패는 연필로 씌어 있다(원제: Failure Is Written In Pencil).'를 쓴 작가 David Ireland의 표현처럼 실패는 지울 수 있는 것이다. 그것은 돌에 주조된 것이 아니다. 지금 당신 마음에 있는 실패를 지우고 새로운 인생을 시작해 보라!

☑TIP 실패는 실패일 뿐이다. 하루 세끼 먹듯 자연스레 우리가 숨을 쉬듯, 살아가는 동안 인간이라면 경험하고 고민하는 신이 주신 '자기성찰의 기회'이다. 따라서 실패는 일시적이다. 이겨내면 성공이라는 달콤한 선물이 기다린다. 잠시 멈춤에 평생의 인생을 걸지 마라. 그러기에는 우리의 시간과 노력이 너무 아깝다!

둘, Failure is Reversible. 실패는 되돌릴 수 있다.

우리는 실패한 경우 자신을 비난한다. 실패는 되돌릴 수 없는 화학적 반응이 아니다. 많은 성공의 이야기들은 실패에 근거를 두고 있다. 실패의 씨앗을 뿌려서 성공의 열매를 얻는다. 성공적인 사람들은 한 때는 실패자라 불렸던 사람들이다.

다음의 그림을 보아라. 무엇이 보이는가. 검은 실루엣? 아니면 성배?

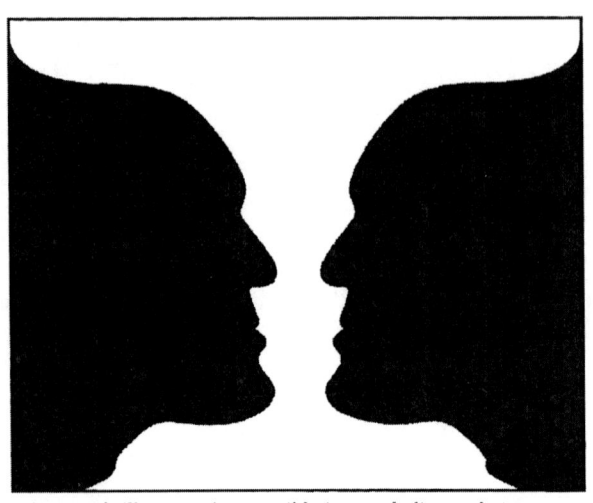

A pair of silhouettes is reversible into a chalice and vice versa

☑TIP 성공과 실패는 결과의 차이이지 과정이 다름을 의미하는 것은 아니다. 즉 실패도 성공하는 것과 같은 노력과 시간을 투자하였지만 원하는 결과를 얻지 못한 상태를 의미하는 것이다. 원천적으로 성공과 다른 DNA를 가졌다고 볼 수 없다. 따라서 하나의 성공의 열매는 실패, 좌절 그리고 포기라는 걸림돌을 넘어선 자만이 가질 수 있는 승리의 트로피이다.

셋, Failure is a Process. 실패는 과정이다.

실패는 실패로 귀착되는 과정(process)일 뿐이다. 가끔 이 과정은 우리의 통제를 벗어난다. 개별적으로 보면 우

"Success is usually the culmination of controlling failure."
-Slyvester Stallone-

리는 실패를 하지 않는다. 우리가 어떤 일에 실패를 했을 경우, 그것을 이루는 과정에서 완성하지 못한 것을 의미한다. 예를 들면, 어떤 관계(relationship)가 깨어 진다면(break up) 그것은 우리가 실패한 운명적인 날(day)을 의미하는 것이 아니라 관계가 끝이 나는 기간(duration)을 의미하는 것이다.

☑TIP 우리가 실패라는 말을 사용할 때는 오직 죽거나 중병에 설려 아무것도 할 수 없을 때 이 외에는 없다. 어떤 일이든 계획(plan), 진행(act) 그리고 끝(achieve)이라는 과정을 거치게 되고 '실패'는 이 과정 가운데 하나가 잘못되었거나 원하지 않은 결과를 도출했을 때 사용되는 '정의'이다. 따라서 실패는 원천적(fundamentally)으로 '완성'(complete)이 아닌 '과정'(process)일 수밖에 없다.

넷, Failure is Courageous. 실패는 용감하다.

세계 2차 대전 중, 일본의 가미카제 조종사들은 그들이 자살 작전을 위해 비행하기 전 애국적인 노래를 불렀다. 그들은 사랑하는 조국을 위해 적군의 영토에 들어가 싸웠으며, 위험한 작전에 목숨을 바쳤다. 가미카제 조종사들은 그들의 조국을 위해 죽고자 하는 용기 때문에 가끔 살아서 돌아오기도 했다.

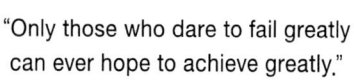

"Only those who dare to fail greatly can ever hope to achieve greatly."
-Robert F. Kennedy-

만약 실패할 용기가 있다면, 사자가 포효하는 실패의 영역에 들어가야 한다. 가끔 우리는 아무 탈없이 그곳으로부터 나오기도 한다. 실패는 우리에게 회복력을 준다. 사회 기득권층에서는 성공에 대한 상으로 무수한 메달을 수여한다. 용기 있는 실패에게 퍼플 하트(Purple Hearts: 미국에서 전투 중 부상을 입은 군인에게 주는 훈장) 훈장을 줄 시간이 왔다. 실패를 인정하고 받아들이는 것은 용기 있는 것이다. 뉴욕에서 파리까지 최초의 대서양 횡단 무착륙 단독비행을 한 앤 린드버그(Anne Lindbergh)는 "시도를 하고 실패를 하는 것은 성공하는 만큼의 많은 용기를 필요로 한다." 라고 말했다.

☑TIP 실패를 두려워하는 자는 아무것도 할 수 없다. 우리가 뭔가를 얻고자 하면 먼저 행동해야 한다. 마찬가지로 실패를 두려워하지 않고 맞서 싸우는 자는 그에 맞는 것을 얻을 것이다. 가미카제로 출전했다 다시 돌아온 비행사는 살기 위해서 온 것이 아니라 다시 출전하기 위해 돌아온 것처럼 우리도 운명의 삶 속에서 시련과 어려움이 있다 해도 회복을 하기 위해 잠시 쉬는 것으로 중단 없는 전진을 해야 할 것이다.

다섯, Failing Pushes Our Limits. 실패는 우리를 한계에 몰아붙인다.

실패는 우리에게 심리적 끈기를 요구한다. 그것은 우리가 쓰러지기 전까지 한계에 도달하게 만든다. 실패라고 불리는 이 한계

짐은 능력과 자원(resource)의 최대한계이다. 인생은 높이뛰기이다. 바(bar)는 우리가 바를 넘기 전까지 조금씩 조금씩 올려진다. 임계높이는 우리가 최대
"Failure must be
but a challenge to others."
-Amelia Earhart-

한도로 몸을 뻗칠 수 있는 곳까지이다. 만약 우리가 할 수 있을 만큼 해서 성공한다면, 충분한 가능성을 알기 위해 자신이 무리하게 애쓰진 않을 것이다. 어떤 바보도 그렇게 할 수 있으니!

실패로부터 우리는 다음 점프를 하기 위해서는 준비가 필요하다는 것을 배운다. 긴 안목으로 보면, 과거에 계속되는 실패에 의해 자극 받은 우리는 높은 단계의 성과를 성취한다. 이 효과는 다음 그림의 공룡 골구개(bony plates)와 닮았다.

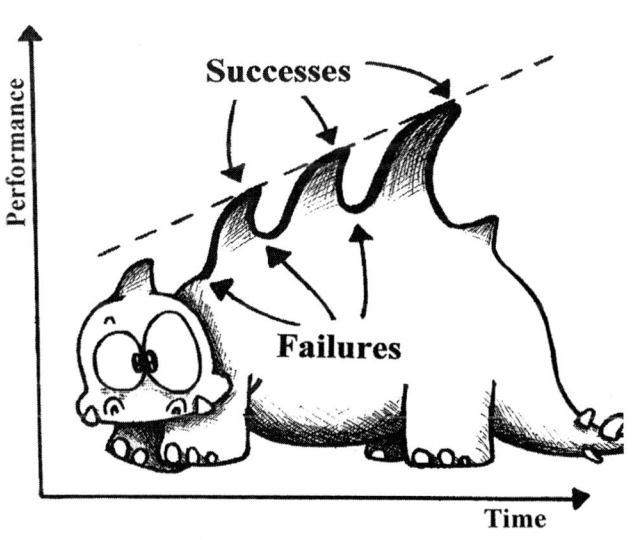

*The Dinosaur's Plates*

여섯, Failing is a Privilege. 실패는 특권이다.

실패는 선택이 아니다. 우리는 실패를 선택할 수 없다. 오직 신만이 실패를 허락한다. 실패를 하는 것은 영광

"Failure is the greatest opportunity I have to know who I really am."
-John Killinger-

(honor)이다. 실패는 힘든 시작(a baptism of fire)이다. 그런 시련 속을 헤쳐 나온 사람은 인생의 천박함과 예상 밖의 변화를 맛본 사람이다. 실패는 장점과 단점을 평가하도록 주의를 촉구한다. 실패를 통해 기회를 찾아내고 위험에 대비하게 한다. 실패를 했을 때만이, 선택을 재검토하고 재 전략을 세운다. 그래서 실패를 찬양한다.

☑TIP 실패를 한다는 것은 우리가 무엇인가를 행했다는 것을 의미하며 생각하고 계획했던 방법이 아닌 다른 방법이 존재한다는 것을 의미한다. 따라서 실패는 마치 큰 수족관에서 고기들을 계속 움직이게 하기 위해 상어를 넣는 것처럼, 인생이라는 수족관에서 우리들의 삶을 활기차고(active) 되돌아 보게(review) 해 주는 역할을 한다.

일곱, Failure is Not Final. 실패는 마지막이 아니다.

실패는 사형선고를 내리지 않는다. 그것은 끝이 아니다. 다시

시도할 수 있는 다른 기회가 항상 있기 마련이다. 마찬가지로 성공은 마지막 목적지가 아니다. 그것은 우리가 계속해서 운명과 싸우기 위한 여행이다. 실패는 우리를 물에 빠뜨리지 못한다. 그보다는 험난한 세상에서 우리와 성공을 연결시켜 주는 다리이다.

" Success is never ending;
Failure is never final."
-Robert Schuller-

☑TIP 실패는 외부적 결과라기보다는 잘못된 계획과 행위 또는 환경의 영향과 인간의 노력이 빚어낸 하나의 결과라 볼 수 있다. 예를 들면, 학교 다닐 때는 성적, 친구관계, 졸업해서는 결혼, 취업, 사회생활, 건강, 은퇴 후에는 노년을 위한 생활계획 등 많은 문제들을 접하게 된다. 그때마다 나름대로 계획과 전략을 세우지만 그 모든 것이 100% 이루어지는 것은 아니다.

따라서 성공과 실패는 인간행위의 결과에 대한 최종 판단이며 그 자체가 우리의 삶을 좌지우지할 수 있는 것은 아니다. 백 번의 실패 끝에 한 번의 성공으로 모든 것을 역전시킬 수 있거나, 거꾸로 한 번의 실수로 평생 쌓아 온 모든 것이 물거품이 될 수 있는 것이다. 우리가 어떻게 받아 들이고 활용하느냐에 따라 실패도 긍정적 삶의 요소로 볼 수 있다. 마찬가지로 성공도 복어의 치명적인 독처럼 우리의 잠재적 미래에 부정적 영향을 끼칠 수 있는 것이다.

결론적으로 실패든 성공이든 그것들이 인간행위의 결과이며 우리가 살아있는 한 마지막이 될 수 없다. 실패를 한 자신과 행동의 결과에 대해 명철한 분석과 비평만 있을 뿐, 지구가 도는 한 성공과 실패의 바퀴는 우리의 생각과 감정에 관계 없이 계속 돌 것이다.

# CHAPTER 5
# 성공적인 실패의 철학
**The Philosophy of Successful Failures**

"For God so loved Failures that He made so many of them."
-Michael Lum Y-

### 실패를 조건 없이 인정하고 받아들여야 한다
(We must admit and accept Failures unconditionally)

에덴동산에서 아담이 이브의 꼬임에 의해 선악과를 먹게 되어 신과의 약속을 지키는 것을 실패한 후 세상에는 원죄가 들어오게 되고 이후, 실패는 모든 존재에게 사전 통지 없이 들이닥친다.

"Flops are a part of life's menu."
-Rosalind Russell-

실패는 사람들을 존중하지 않는다. 하지만, 실패는 우리 삶의 핵심 부분을 이룬다. 만약 우리가 숨을 쉰다면, 우리는 실패를 가지고 있는 것이다. 그것은 피할 수 없는 것이다. 우리가 그것을 잊지 않도록, 우리 이외에는 없으므로, 신은 실패를 사랑한다. 실패의 세계에 오신 것을 환영합니다!

우리는 실패를 부끄러워해서는 안 된다. 그것은 우리의 용기와 독창성(ingenuity)의 일일 시험(daily test)이다.

☑TIP 마치 원죄가 세상에 들어오면서 인간은 태어날 때부터 죄인이 되는 것처럼(기독교사상), 실패도 우리의 의지와는 상관없이 삶의 한 부분이 되어 평소에는 있는 듯 없는 듯 하다가 계획된 행위를 할 때 소리 없이 나타나는 불청객이다. 신의 입장에서 보면 이런 실패를 통해 인간은 인내, 기다림 그리고 자기성찰을 할 수 있는 좋은 기회를 얻고 아울러 실패 후 기다림을 깨달은 자에게는 쌍둥이 형제인 성공을 보내 주기 때문에 우리는 실패를 인생의 한 부문으로 인정해야 한다. 비 온 뒤 땅이 더 굳는 것처럼, 실패 뒤에 오는 성공의 열매를 생각하며 인내하는 사람이 되어야 한다.

### 우리는 우리 자신에게 실패자로 꼬리표를 붙여서는 안 된다
(We must not labeled ourselves as Failures)

실패는 금기(Taboo)가 아니다. 실패는 주로 특수한 경우에 발생되며 가끔 우리의 통제에서 벗어나 있다. 이제 실패에 대한 높은 내성을 함양해야 할 시간이 왔다. 우리가 실패한다는 사실은 '실패자'라고 우리 자신에게 꼬리표를 붙이는 것을 정당화시키지는 않는다. 실패자라고 낙인 찍

"Because a fellow has failed once or twice, or a dozen times, you don't want to set him down as a failure till he's dead or loses his courage."
-George Lorimer-

는 것은 파괴적이다. 소들을 도살하기 위해 도살상으로 몰기 선에 소들을 낙인 찍는 것과 같다.

 일본인들은 '한 번의 실패자는 항상 실패자.'라고 믿는다. 이것은 자신의 기량을 제대로 발휘하지 못하는 많은 일본인들을 타고난 실패자(a born loser)로 자신들을 꼬리표 붙이게 한 것이다.

☑TIP 그림을 잘 그린다고 누구나 다 화가라 불리는 것은 아니다. 마찬가지로 몇 번의 실패를 했다 하여 우리는 실패자라고 낙인 찍어서는 안 된다. 인생은 항상 '진행형'의 형태를 갖추기 때문에 몇 번의 행위로 잠재적 미래까지 낙인화(stigma)하는 것은 어리석다. 실패를 자신의 능력과 의지를 평가하는 기회로 삼아야 할 것이다. 누구든 실패는 한다. 그러나 현명한 자는 결코 자신을 실패자라고 낙인 찍지 않는다.

## 실패를 의인화해서는 안 된다(We must not personalize Failure)

우리는 실패자와 실패의 행위를 구분해야 한다. 만약 자신을 실패자라고 여긴다면, 심리적인 상처가 남게 될 것이다. 실패를 감정적으로

"I didn't fail. I succeeded in setting a bad example."
-Graffiti-

받아들이지 마라. 만약 우리가 실패를 어떤 벤치마킹을 위해 얻은 행동이 아니라고 본다면, 자존심을 가지고 똑바로 걸을 수 있다. 우리는 우리 자신에게 실패하지 않는다. 주로 우리가 한 일(work)에 대해 실패한다. 전적으로 우리의 책임이 아닌 것처럼 보여지는 실패하는 행위는 우리를 실패자로 정형화시키지 않는다. 실패 행위로부터 우리를 구분 짓는 것은 실패의 깊은 구렁텅이에서 빠져 나오게 하는 첫 번째 패러다임(paradigm)이다.

실패에 대해 신, 별점 또는 그런 것을 탓하기 전에, 원인이 되는 태도나 행동을 내면적으로 보아라. 우리는 성공한 이야기들을 말하는 경향이 있다. 어쨌든 우리는 아직도 실패를 기억하고 있다. 우리는 앞으로 전진해야 하며 실패를 우리의 목 주변에 무거운 짐을 얹어 놓은 것처럼 부담 지우게 해서는 안 된다.

## 실패하도록 허용해야 한다(We must permit ourselves to fail)

우리는 우리 자신에게 실패를 허용해야 한다. 우리는 언제, 어디서나 실패할 수 있다. 실패를 반대하거나 싫어해서는 안 된다. 실

"When we give ourselves permission to fail, we at the same time give ourselves permission to excel."
-Eloise Ristad-

패는 우리가 두려워해야 할 대상이 아니다. 우리가 이것을 그만두게 되면 그것은 실패를 예고하게 된다.

☑TIP 실패를 허용하도록 둔다는 것은 자신의 행위로 도출된 결과를 인정하고 실패로부터 배운다는 전제조건이 세워질 때 가능하다. 신이 아닌 이상 인간의 행동은 오류와 착오가 있고 결과는 성공과 실패의 시소 위에서 상황에 따라 다르게 나올 수 있다. 우리가 관심을 가져 할 부분은 결과가 아닌 어떤 행위를 하겠다는 긍정적(active) 태도와 어떤 결과든 수용하겠다는 포괄적(comprehensive) 사고이다. 당당하게 실패에게 초청을 보낼 수 있는 도전적 사고로 오늘도 실패의 그림자 위에 성공의 꿈을 이루길 기원한다.

### 실패에 오명을 씌워서는 안 된다(We must not stigmatize Failures)

일본의 마피아인 야쿠자는 그들의 조직원들이 주어진 일에 실패했을 경우 전통적인 의식을 실행하게 한다. 그것은 그들이 자신들의 실패

"He that lies on the ground cannot fall."
-Yiddish Proverb-

에 대한 속죄의 의미로 그들의 손가락을 자르는 것이다. 이민국 공무원들은 몸의 문신과 손가락 잘려진 상태를 보고 가짜 야쿠자 멤버인지 구별하는 것을 훈련 받는다.

실패는 오명이 아니다. 자신들의 실패한 임무에 대해 영원히 상기시키기 위해 손가락을 자르는 야쿠자처럼, 우리는 자신의 실패에 대해 자책해서는 안 된다. 마치 우리가 죄지은 것처럼 실패에 대해 개정하거나 속죄할 필요는 없다. 실패는 영광스러운 것이다. 그것은 경범죄와 같은 못된 짓이 아니다. 모든 천재들도 한 번쯤은 실패했다는 것을 기억하라. 의심 나면 그들에게 물어 보라.

# CHAPTER 6
# 신(新)경제에서 재정립된 실패
## Failures Redefined in New Economy

"Failures is, in a sense, the highway to success, inasmuch as every
discovery of what is false leads us to seek earnestly after what is true."
-John Keats-

현재의 인터넷 시대에서는 실패를 한다 해도 큰 문제가 없다. 하지만 예전의 경제체제에서는 우리는 실패를 두려워했다. 새 경제에서는 실패란 배우는 과정일 뿐이다. ,

### 실패는 성공의 서곡이다(Failure is a Prelude to Success)

우리는 실패를 잘못된 해답, 성공을 올바른 답이라 간주한다. 만약 우리가 성공과 실패를 같은 과정에서 나오는 결과물이라 볼 수 있다면, 세계는 한층 행복한 장소가 될 수 있을 것이다. 실패는 성공의 반의어가 아니다. 실패는 사실 성공에 선행하는 단계일 뿐이다. 만약 우리가 결정을 내린다면, 필연적으로 성공과 실패의 두 가지 결과밖에 없다. 만약 결과가 실패라면, 그것은 성공의 가능성의 조짐이

"The line between failure and success is so fine that we scarcely know when we past it-so fine that we often are on the line and do not know it."
-Ralph Waldo Emerson-

보이기 전에 배우는 과정이라는 것을 인정해야 한다.

실패는 성공의 필수부품이다. 사실 실패의 길에 있는 많은 사람들은 성공에 아주 가까이 있는 것이다. 오직 인내심을 갖고 조금만 더 간다면, 성공을 얻을 수 있을 것이다. 성공은 통로 끝에서 기다리는 신부이다. 에디슨은 정확히 요점을 다음과 같이 간단 명료하게 축약했다.

"많은 인생의 실패자들은 그들이 포기할 때 얼마나 그들이 성공에 가까이 있었는지를 모르는 사람들이다."

☑TIP 우리가 쉽게 운전하는 자동차는 약 2만 5천 개 이상의 부품들이 모여서 된 것이다. 하지만 우리는 어떤 부품들이 어떻게 사용되었는지 모른다. 우리 인생도 성공과 실패라는 부품으로 만들어졌다. 우리는 열심히 살지만 성공과 실패에 대해서는 잘 모른다. 한 가지 분명한 것은 실패는 항상 성공과 함께 인생이라는 세트(set)로 만들어졌다는 사실이다. 최근에 실패를 했다면 곧 성공이 온다는 징조이다. 자동차는 고장 나면 정비소에 가지만, 인생은 스스로 고쳐야 한다. 가장 간단한 방법으로 그것은

신이 주신 선물 '시간'을 기다리는 것이다.

### 실패는 교육의 어머니이다(Failure is the Mother of Education)

큰 낭패(debacle)를 '실패'라고 부르지 말고 대신에 '교육'이라고 불러라. 교육이라는 단어는 원래 라틴어 'educare'에서 기인하며 '끌어내다'라는 의미를 갖고 있다.

"Failure is success
if we learn from it."
-Malcolm Forbes-

우리가 실패할 때, 실패로부터 장점을 끌어내고 약점을 개선할 수 있다. 실패는 사실상(de factor)의 교육이다. 실패는 매일 우리를 실용적인 방법으로 가르친다. 실패로부터 배우는 것에 관련되어 있는 한 배움에는 한계가 없다.

실패는 케임브리지 대학처럼 오래되거나 하버드 대학처럼 숭배되는 진정한 고등교육기관이다. 어떤 MBA학교도 실패를 가르치지 않는다. 실패는 교과서로 배울 수 있는 것이 아니다. 교실의 한계를 넘어 거리에서 경험적으로 습득될 수 있는 것이다.

☑TIP 인생은 예측할 수 없는 많은 일들이 기다리고 있는 정글을 여행하는 것과 같다. 가이드나 전문가들도 예측할 수 없는 일들이 많기 때문에 우리는 여행하면서 배워야 한다. 학교에서는

검증되고 획일화된 이론화(theory) 지식을 배우지만, 인생에서는 살아 있는 경험을 통해 매일의 삶에 필요한 실제적인(practical) 지식을 배운다. 이런 지식을 통해 우리는 우리가 원하는 목적지에 도달할 수가 있는 것이다.

### 실패는 가치를 창조한다(Failure Creates Value)

걷잡을 수 없는 변화가 횡행하는 새 경제에서 실패는 매우 귀중한 경험이다. 실패를 접한 후보자를 고용하는 것은 그가 행한

"There is the greatest practical benefit in making a few failures early in life."
-Thomas Huxley-

실수를 피하기 때문에 성공할 수 있는 높은 기회를 갖는 것이다. 그 반대로 실패를 맛 보지 못한 유망한 후보자들은 그의 새로운 일에서 실수를 행할 수 있는 경향을 갖게 된다. 전 IBM회장인 토마스 왓슨(Thomas Watson)에게 "당신의 성공의 공식은 무엇입니까?" 라고 물었더니 "실패율을 두 배 늘리세요(Double your failure rate)." 라고 대답했다. 매니지먼트 전문가(guru)인 톰 피터스(Tom Peters)는 "실패를 늘리기 위해서는 혁신에 더 속력을 내야 한다."고 규정했다.

## 실패는 자산이다(Failure is as Asset)

실리콘밸리에서는 매 월 수백 명의 백만장자들이 나온다. 그들은 수많은 시련을 맛 본 사람들이다. 만약 우리가 우리의 이력서를 통

"Every adversity, every failure, every headache, carries with it the seed of an equal or greater benefit."
-Napoleon Bonaparte-

해 수십 번 실패한 것을 표시하지 않는다면, 우리에게 불리한 작용을 할 것이다. 이것은 우리가 위험을 감수하거나 새로운 땅을 밟을 준비가 안 되었다는 것을 보여주는 것이다. 실패는 우리의 이력에 신빙성을 부여해 준다. 실패는 세상물정에 밝고 빈틈없이 나오게 하는 시련의 도가니(crucible)이다. 지금부터는 장기간의 경력목표와 회사업적 등을 리스트에 작성하는 것을 제외하고 우리의 주된 실패들을 이력서에 열거하기를 제안한다

위험부담의 하나인 필연적 부산물은 실패이다. 위험부담을 격려하고 평생 배움의 필수적인 요소로써 실패를 받아들이는 사회적인 체계를 고취해야만 한다. 실패는 사람을 만든다. 그것도 완벽한 사람으로.


## 실패는 기회를 창조한다(Failing Creates Opportunities)

유치원에서 대학까지 샌디는 아주 높은 점수로 모든 시험에 합

격한 선망의 우등생이었다. 그녀는 어떤 시험도 결코 실패한 적이 없었다. 이러한 성공은 그녀를 고정된 패턴에 갇히게 했으며 실패

"Failure is the only opportunity to begin again more intelligently."
-Henry Ford-

를 다루기는커녕 어느 경험도 하지 못했다. 안전장치를 사용하는 기술로 그녀는 위험부담을 피하거나 새로운 처리방법을 받아들였다. 그녀는 정신적으로 실패를 오명이라 세뇌되었다. 졸업 1년 후, 그녀는 아직도 실직상태이다. 그녀의 친구들은 그녀 곁을 떠났으며 실패를 총명하게 배우지 못했다. 그러므로 그녀는 새로운 친구를 사귀거나 안정된 직업을 얻기 위한 새로운 전략이나 접근을 시도하지도 못했다.

실패하는 것을 배우는 것은 하나의 기술(art)이다. 모든 사람이 실패를 하거나 실패하는 것을 배울 수 있는 것은 아니다. 만약 우리가 실패하지 않는다면, 우리는 현재 상황에 머무를 것이고 알려진 한도(parameters)로 운행할 것이다. 역시 새로운 탐험도 하지 않을 것이다. 이 세상에는 실패란 없다. 오직 실패에 의해 창조된 기회만 있을 뿐이다.

인생의 사다리는 사실 분기사다리이다. 초기에 오르기가 힘든 것을 발견하고 망설이기 쉽다. 사다리의 난간은 넓이가 좁고 거칠다. 난간 사이 간격은 멀찍이 떨어져 있다. 그러나 높은 발판은 오르기가 쉽다. 난간이 넓고 표면이 매끄럽다. 난간 사이 간격은 가깝다. 사다리꼭대기에 서면, 우리는 더 많은 기회를 볼 수

있다. 이것이 두 번째 밀리언보다 첫 번째 밀리언을 벌기 어렵다고 하는 이유이다.

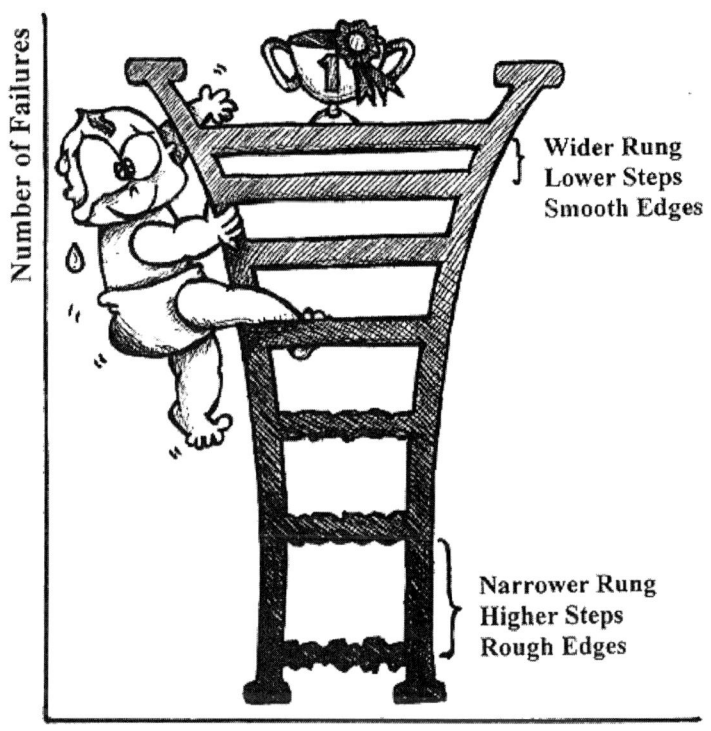

The Divergent Ladder of Life

불행히도 우리는 첫 번째 난간 위의 인생의 사다리에 올라서야 한다. 난간은 발이 받치도록 만들어지지 않았다. 그것은 우리가 더 높게 올라가기 위해 다음 난간을 밟을 수 있을 정도의 힘을 받을 수 있다. 따라서 우리는 살아 있는 동안은 침체되지 말고 계속 움직여야 한다.

### 배면뛰기(The Fosbury Flop)

딕 포스베리(Dick Fosbury)는 바(bar)에 몸을 비틀어 등으로 먼저 뛰어넘는 배면 점프를 통해 높이뛰기에 대혁명을 일으켰다. 그가 이런 기술을 구사하기 전에

"If you want to success you should strike out on new paths rather than travel the worn paths of accepted success."
-John Rockefeller-

"넌 실패할 것이고 그 기술은 결코 성공하지 못할 것이다." 라고 수십 번 이야기를 들었다고 말했다. 하지만 그런 것들은 그의 의지를 막지 못하고 오히려 그의 포스베리식 배면 뛰기를 완전하게 해 주는 강한 의지를 주었을 뿐이다.

포스베리는 1968년 멕시코 올림픽 경기에서 세계 기록을 세우면서 금메달을 땄다. 이후, 모든 세계 최상급의 높이뛰기 선수들은 이 새로운 기술을 받아들였다. 이와 같이 실패는 옛 관습을 버리고 새로운 방법을 받아들이도록 동기를 부여한다.

**☑TIP** 실패는 성공의 씨앗이다. 많이 심을수록 많은 수확을 기대할 수 있다. 포스베리도 자신만의 씨앗을 뿌렸고 올림픽에서 금메달이라는 열매를 수확했다. 이제 더 이상 남의 텃밭에 기웃거리지 말고 자신의 밭에서 자신의 씨앗을 뿌려 당당하게 열매를 수확하는 기회를 가져라.

# 성공적인 실패는 무엇인가?
## What is a Successful Failure?

먼저 성공적인 실패는 '나는 실패한다(I fail).'라고 대담하게 인정한다.

자신이 실패했다는 것을 인정한다.
자신의 실패에 대해 책임을 진다.
자신과 실패의 행위를 구분한다.
실패와 맞서겠다고 단언한다.
별자리, 운 그리고 다른 사람을 비난하지 않는다.
자신의 자원과 능력을 극단적으로 극대화한다.
자신은 실패로부터 배운다고 인정한다.
찾고 말겠다는 탐구심을 갖는다.
의무나 책임 때문에 해야 하는 것이 아니라 반드시 할 것이라고 주장한다.

같은 실수를 피할 것이라고 확언한다.

실패를 문제가 아닌 기회로 본다.

장애보다는 해결책을 예견한다.

결코 포기하지 않고 다시 시도한다.

시도하는 것을 실패한 것은, 실패하기 위해 시도하려는 것이라 믿는다.

반드시 더 좋은 방법이 있다고 고집한다.

도전의식을 갖고 성공하기 위해 반드시 다시 돌아올 것이라고 한다.

세상에는 공짜가 없고 반드시 일해야 한다고 믿는다.

준비하는 것을 실패한 것은, 실패하는 것을 준비하는 것이라는 신념을 갖는다.

항상 웃는다.

뇌우 뒤에는 무지개가 뜬다는 것을 믿는다.

성공적인 실패자는 실패가 성공의 자식을 낳았으므로 축하한다.

## TOOL BOX
# 피드포워드
**Daily Feedforward**

    만약 우리가 일이나 과정에 대해 피드백을 받는다면, 사람들은 우리가 얼마나 잘(well) 또는 못(badly)하고 있는지 그리고 어떻게 개선할 수 있는지를 말할 것이다. 피드백은 일말의 부정적 성향과 회귀성을 띠고 있다. 나는 긍정적 미래의 행동과 열정의 정신을 포함하는 신조어 'Feedforward(실행에 앞서 결함을 예측하고 실시하는 피드백과정의 제어)'를 만들고 싶다.

### In the Morning

    매일 아침이 시작되면, 5분을 일상 피드포워드 시간으로 투자하라. 이 시간을 개인의 자기발전을 위해 명상하고 충전하는 시간으로 사용하라. 시간은 될 수 있으면 고정하고(fixed time) 같은 장소에서 하라. 집이나 사무실 또는 정기적으로 아침 식사하는 곳에서 할 수 있도록. 효과적인 결과를 위해서는 조용한 장소가 좋다.

피드포워드를 할 때, 노트 필기할 펜을 준비하라. 바로크 음악 같은 배경음악을 틀어놓는 것도 좋다. 숨을 5번 정도 깊게 들이쉬고 가장 편안한 자세를 유지하라. 방해되는 복잡한 생각은 하지 마라. 다음 질문을 숙고하면서 답을 적어 봐라.

- 어제 실패한 것을 생각해 보라.
- 만약 다른 기회가 주어진다면, 어떻게 다르게 그것을 할 것인가?
- 다른 자원(resources)이 더 필요한가?
- 어떤 태도(attitude)와 사고방식(mindset)을 취해야 하는가?
- 어떤 교훈을 배웠는가?
- 누구를 도왔는가?
- 무엇에 기여했는가?

# Part III

# 성공적인 실패의 기술
### The Art of Failing Successfully

CHAPTER 7

# 실패 연구원
**The Academy of Failures**

"It's okay to fail. If you're not failing, you're not growing."
-H. Stanley Judd-

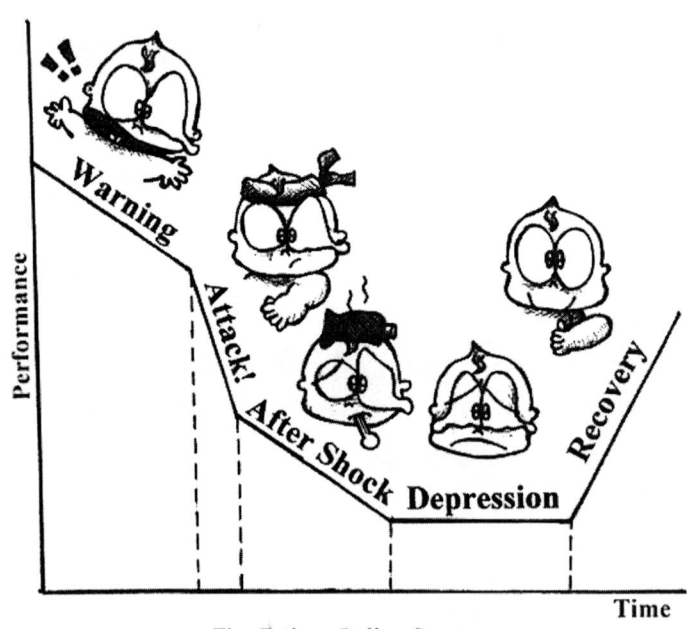

The Failure Roller Coaster

### 실패의 5단계(Five Steps of Failure)

다음에 제시하는 실패의 5단계를 이해하면 실패를 더 성공적으로 다룰 수 있다.

#### Step 1: 경고 신호들(Warning Signs)

실패가 발생되기 전에 몇몇 증상들이 표면화된다. 빠듯한 재정 흐름, 둔화된 진행, 시험준비를 위한 공부 중 이해불능, 사람들과의 관계에서 빈약한 소통, 일(job) 평가에서 낮은 단계, 공급품의 늦은 배달 등. 그 외 실패는 주변을 살펴보면 곳곳에 숨어 있다.

우리는 자주 이런 증상들을 무시한다. 설사 목전에 임박한 실패라 할지라도, 우리 자신은 피해자가 아니기를 바랄 뿐이다. 최선을 다하면서 실패에 대한 준비를 해야 한다.

#### Step 2: 엄습!(Attack!)

실패는 천천히 또는 갑자기 발생될 수 있다. 이 단계에서는 충격과 혼란에 빠진다. 우리가 실패한 것에 대해 부인과 거절을 하는 상태에 이르게 된다. 마치 아무 일도 일어나지 않은 것과 같이 행동한다. 실패를 인정하는데 저항이 생긴다. 다른 사람과는 상관없이 적대적으로 변하는 공격적 행동이 있다. 또한 진짜 문제를 정면으로 맞서는 것을 피하기 위한 어린애와 같은 행동의 특징이 나온다.

### Step 3: 충격의 미진 후(After Shock Tremors)

실패를 경험한 후에는 절망과 부적응 상태에 빠진다. 물에 빠진 사람이 지푸라기를 움켜잡으려는 것과 같이 우리는 무력해진다. 그리고 다음에 무슨 행동을 해야 하는지를 잊는다. 감정적으로 몰락상태에 있게 된다. 스트레스와 심리적으로 깊이 가라 앉는(withdrawal) 징후들이 표면화된다. 실패 한 것에 대해 자신에게 화를 낸다. 그 많은 사람 중에 왜 이런 일이 나에게만 생겼을까? 내가 도대체 무엇을 잘못 했을까? 하는 의문을 갖게 된다.

### Step 4: 정리(Consolidation)

정리하고 받아들이는 시기이다. 평정을 되찾고 실패를 회상해 본다. 이 단계에서는 가벼운 우울증과 불안감을 겪는다. 조금씩 실패한 사실을 인정하기 시작한다. 가끔 실패한 것에 대한 회상(flashback)에 잠긴다. 현재 상황이 바뀌기를 희망하는 마음으로 과거의 일을 무효로 하고 싶은 희망에 잠긴다. "만약 내가 이것을 다르게 했었다면, 결코 실패하지는 않았을 텐데!"와 같은 표현이 표면화된다. 합리화는 외견상 용인되는 이유로 실패한 것을 비난하고 아주 진짜 실패의 이유를 받아들이기를 거절하는 상황에서 천천히 진행된다.

## Step 5: 회복(Failure Recovery)

이 단계는 실패로부터 회복하는 계획을 설계한다.

- 실패로부터 무엇을 배우는가?
- 어떻게 실패의 영향(repercussion)을 최소화하는가?
- 만약 우리가 그것을 다시 한다면. 어떻게 다르게 할 것인가?
- 어떤 다른 자원이 필요한가?
- 어떤 새로운 태도를 받아들여야 하는가?

자기를 탐구하는 이 기간 동안, 우리는 목표를 성취하기 위한 새로운 계획을 착수하기 위해 장점을 모으고 새로 교체한다. 우리는 앞으로 나가야만 한다.

**실패 매트릭스**(The Failure Matrix)

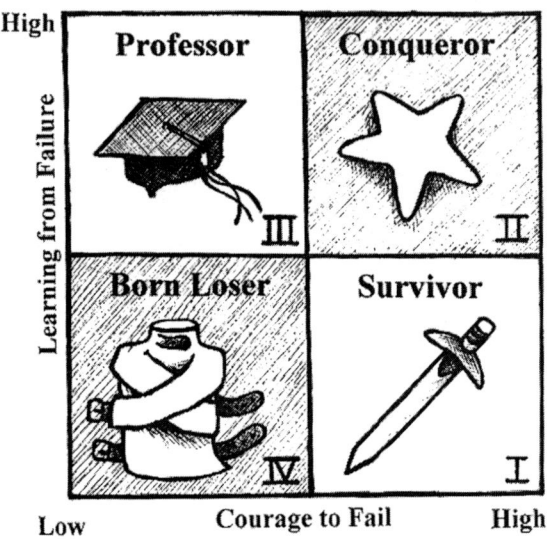

실패 매트릭스를 이해하는 것은 실패를 활용할 최대의 기회를 갖는 것이다. 그것의 구성요소들은 실패를 하거나 실패로부터 배우려는 용기이다. 즉 X축은 실패할 용기, Y축은 실패로부터 배움이다.

**생존자**(The Survivor)

그림의 사분 I면(오른쪽 아래)의 '생존자'가 있다. 그는 실패할 용기가 있는 반면, 실패로부터 아무것도 배우지 못한다. 그는 용감하게 실패에 도전하고 그리고 호된 시련 속에 살아 남는다. 실패로부터 어떤 교훈도 배우지 못하기 때문에 그에게서 어떤 현명함도 찾아볼 수 없다. 이러한 열광적인(gung-ho) 생존자들은 자신들의 실수를 다시 되풀이하는 경향이 있다. 따라서 성공하기까지에는 장시간이 걸린다. 반면 이들은 실패로부터 교훈을 배우면 신속히 '정복자'(사분 II면)로 이전할 수 있다.

### 정복자(The Conqueror)

그림의 사분 II면(오른쪽 위)의 '정복자'는 가장 중요하다. 실패에 도전하면서 동시에 실패로부터 교훈을 얻는다. 그렇게 함으로써 그는 그의 노력에 맞는 성공을 한다. 정복자는 평생 동안 실패로부터 교훈을 배울 수 있다고 믿는다. 그는 새 경제나 모험에서 잘 할 것이다. '네트르프리너'(Netrepreneur: 인터넷+기업의 합성어)가 좋은 예다. 미국의 '네트르프리너'인 Nicholas Hall은 3번이나 실패했지만 그는 그만두는 대신 그의 실패로부터 이익을 창출했고 www.startupfailures.com 사이트를 만들었다. 실패했거나 실패 중인 사업자들이 그들의 불만을 채팅을 통해 쏟아 부었다. 홀은 실패 가운데서 성공을 이끌었다.

### 교수(The Professor)

그림의 사분 III면(왼쪽 위)의 '교수'는 상아탑의 안락함 속에서 사치스럽다. 실패에 대한 모든 경험은 다른 사람에게서 듣거나 책을 통해 얻은 비실용적인(academic) 것이다. 실패에 대한 그의 생각이 흔해 빠진 반면, 그는 실제 경험이 전혀 없다. 그는 실패에 감히 도전하지 못한다. 그는 현실에 안주하며 안전지대에 숨는다. 상아탑을 떠나는 순간, '교수'는 '정복자'(사분 II면)에 이동할 수 있는 그의 능력을 증가시키고 실패에 도전할 수 있다.

### 타고난 패배자(Born Loser)

그림의 사분 IV면(왼쪽 아래)의 '타고난 패배자'는 어떤 일이 있어도 피해야 한다. 실패에 도전할 용기도 없고 새로운 모험을 시도할 맘도 없다. 실패하지 않기를 원하기 때문에, 실패를 경험할 기회를 갖지 못한다. 따라서 그는 용기를 내어 실패에 용감하게 맞서야 한다. 이것이 그를 '생존자'(사분 I면)로 인도할 것이다. 그가 다른 사람의 실패를 배우게 되면, '정복자'(사분 II면)로 나가게 될 것이다.

### 파레토 법칙(The 20/80 Rule)

이탈리아 경제학자 파레토(Vilfredo Pareto)가 발견한 이론으로 20%의 인구가 80%의 전체재산을 소유한다는 법칙이다. 만약 세금당국이 이 20% 부문에 집중한다면, 80%의 세금을 거둘 수 있다는 것이다. 마찬가지로 우리가 20%의 결정적인 실패를 알아내고 성공적으로 다룰 수 있다면, 80%의 우리 문제를 풀고 비슷한 비율의 보상에 기여할 것이다.

CHAPTER 8
# 디딤돌 또는 걸림돌?
**Stepping Stones or Stumbling Blocks?**

"It's defeat that turn born to flint, and gristle to muscle,
and makes a man invincible. Do not, then, be afraid of defeat.
You are never so near to victory as when defeated in a good cause."
-Henry Ward Beecher-

만약 아이가 아무런 실패도 경험하지 못하고 성장한다면, 그는 아마도 자신을 완전무결하고 실수하지 않는 완벽한 사람으로 믿을 것이다. 그러다 마침내 실패를 경험하게 되면, 그는 심한 충격에서 헤어나지 못할 것이다. 더 큰 문제는 만약 그가 이런 충격적인 실패를 다루지 못하거나 받아들이지 못하면 그는 극단적인 행동을 취하게 될 수 있다는 것이다.

**실패를 모르는 아들**(The Son without Failure)

한 기자가 부유한 사업가와 인터뷰를 하였다. 그는 번성하는 목재사업을 하면서 시내에 몇 개의 아파트 단지를 소유하고 있었다. 그는 성공의 완벽한 전형이었다. 그러나 놀랍게도 그는 한 집안의 가장으로써 집 안의 가보와 그의 어마어마한 재산을 곧 상속받을 하나밖에 없는 아들에 대한 불안감을 말하였다. 기자는 어리둥절하였다.

태어날 때부터 아무것도 할 필요 없는 부자로 태어나서 현재까지 아무것도 성취해 보지 못한 그의 아들. 실패를 전혀 경험하지 못한 그의 아들이 수많은 실패의 경험의 기반 위에 성공이 세워진다는 것을 알 필요가 있다고 설명했다. 그렇지 않으면, 실패의 맹습에 그의 아들은 어떻게 실패를 다룰지 모르기 때문에 포기하거나, 더 악화되면 자살할 생각을 품을까 두려워했다.

### 실패는 먼저, 성공은 나중에(Fail First, Succeed Later)

프랑스는 의심할 여지없이, 1998년도 월드컵과 2000년도 유럽 컵을 이긴 세계 축구챔피언이다. 이런 프랑스도 성공하기 위해 첫 번째 실패를 해야 했다. 1994년도에 프랑스는 불가리아에 의해 굴욕을 당해 월드컵 진출 자격을 따지 못했다. 이 당혹스런 실패는 프랑스 팀 전체를 검토하고 재점검하게 만들었다. 이러한 급격한 변화가 프랑스를 월드컵에서 이기게 한 이유였다.

1990년대에 프랑스 축구협회의 기술감독이었던 Gerald Houllier은 "영국이 월드컵에서 승리하려면 반드시 먼저 실패의 쓰라림을 겪어야 한다."라고 말했다.

## 실패는 성공을 위한 디딤돌이다
(Failures are Stepping Stones to Success)

만약 우리가 실패를 깨닫지 못한다면, 어떻게 성공을 만날 수 있겠는가? Frank Tyger는 이렇게 말했다. "성공하기 위해서는, 기꺼이 실패를 해야만 한

"The path was worn and slippery.
My foot slipped from under me,
knocking the other out of the way
but I recovered and said to myself,
'It's only a slip, not a fall."
-Abraham Lincoln-

다." 우리는 실패를 찾지 않는다. 실패가 우리를 찾는다. 실패는 초청장 없이 모든 사람의 문을 두드린다. 만약 우리가 문 열기를 거절하면, 실패는 창문을 통해 날아갈 것이다. 실패는 그 누구도 존중하지 않는다.

실패를 마주치면 그것은 우리를 깊은 자기탐구로 인도한다. 실패는 결코 성공을 방해하는 장애물이 아니다. 만약 우리가 실패했다면, 도미노현상 때문에 실패했다는 것을 의미하는 것은 아니다. 성공은 우리의 눈 밖에 있는 것도 아니고 우리의 통제 밖에 있는 것 또한 아니다.

터널의 끝에는 빛이 있다.

우리의 목적지까지 가는 여행에는 많은 돌들이 있다. 가끔 우리는 돌에 넘어지거나 미끄러진다. 그것은 단지 미끄러움(slip)이지 넘어짐(fall)이 아니다. 인생은 계속 진행되어야 하기 때문에 우리는 우리자신을 일으켜 세워서 앞으로 나가야만 한다. 우리를 넘어지게 한 바로 그 돌들은 우리를 성공으로 이끌 자신의 신분을 숨긴 디딤돌이지 걸림돌이 아니다.

모든 사람은 넘어진다. 성공적인 사람만이 다시 일어난다. 올리버 골드스미스(Oliver Gold Smith)는 다음과 같이 열변을 토했다. "우리의 위대한 영예는 실패에 한 번도 넘어진 적이 없다는 것이 아니라 넘어질 때마다 일어났다는 것이다." 성공은 우리가 마지막으로 넘어진 다음 일어설 때 얻어지는 것이다.

이 책을 집필 중에 한 일본 타블로이드 언론과 인터뷰를 했다. 인터뷰 도중 한 고상한 '나오니 마슈야마(Naomi Matsuyama)'라는 언론인이 일본의 속담 '칠전팔기'에 대해 말해 주었다. 우리가 몇 번 쓰러지는 것은 중요하지 않다. 계속해서 하다 보면 궁극적으로는 성공하게 될 것이다. 매 번 우리는 두 걸음 앞서 가면서 한 걸음을 뒷걸음쳐 불안정해 보여도 우리는 계속 진행하는 것이다.

## 흰 꼬리 수리(The Sea Eagle)

흰 꼬리 수리는 절벽 위에 둥지를 짓고 알을 낳는다. 알이 부화가 되면, 어미 독수리는 새끼를 기른다. 새끼가 둥지를 떠날 때가 되면, 절벽 끝에 서서 처녀비행을 준비한다.

새끼가 처녀비행을 하게 되면 새끼는 하늘을 향해 직접 이륙하지 못한다. 대신에 약한 날개와 경험부족 상태에서 나는 것을 배울 때, 절벽 위에서 바다로 가파르게 낙하한다. 바다에 빠지기 직전에, 새끼 독수리는 날개를 맹렬히 퍼덕거리며 위쪽으로 U턴을 한다. 그 후 미끄러지듯 우아하게 활공하면서 하늘을 지배한다.

인생도 새끼 독수리의 비행과 같다. 우리는 어려움을 경험하고 내리막으로 하강한다. 우리가 막 가라앉을 때, 우리는 우리의 힘을 새롭게 하여 승리를 얻을 수 있다.

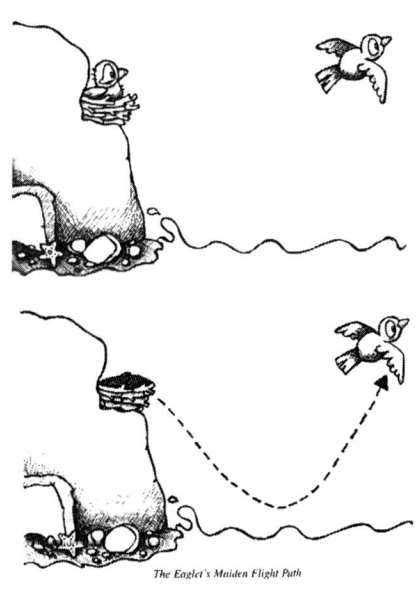

*The Eaglet's Maiden Flight Path*

# CHAPTER 9
# 아기들은 실패하지 않는다
**Babies Do NOT Fail**

"There is no finer investment for any community
than putting milk into babies."
-Winston Churchill-

천사같이 순진한 아기가 특대형의 기저귀를 차고 걷는 것을 배우는 모습을 상상해 보아라.

위태롭게 홀로선 뒤, 그는 줄타기 곡예사처럼 조심스럽게 균형을 맞춘다. 그는 서투르게 넘어지지만 다시 일어선다. 몇 발자국을 성공적으로 걸은 후에, 그는 다시 불안정해진다. 좌절하지 않고 성공할 때까지 인내를 갖고 계속해서 시도를 한다. 아기의 마음은 "나는 넘어졌어, 그래서 다시는 걷지 않을 거야, 남은 나의 인생은 그냥 바닥을 기어 다닐래."하는 논리적 생각들을 하지 않는다. 대신에 반응이 있다.

왜 넘어지고, 넘어지는 것을 피하기 위해서는 무엇을 해야 되며, 어떻게 균형을 잡고 걸어야 하는지를 깨닫기 시작하는 것이다. 아무튼 아기는 넘어져서 일어난 후 바로 걷기 시작할 것이다. 초기에 아기들은 걷기 위해 많은 애를 쓴다. 걷는 것을 배우게 되면서 걷는 것이 무의식 기능이 된다. 아기들은 복잡한 근육 간의 그런 코디네이션이 필요한지도 모른 채 걷게 되는 것이다.

### 실패는 없다, 피드백만 있을 뿐이다
(There's no failure; only feedback)

아기들은 '실패'라는 단어는 인식하지 못한다. 그들의 사전에서는 찾을 수 없는 것이다. '실패'는 아이에게 너무 어려운 것이다. 실패는 없고 오직 피드백만 있을 뿐이다. 피드백은 실패로부터 경험한 새로운 정보의 프로세싱이자 다음 시도에서 조정하는 것이다.

우리는 그것을 다음에 어떻게 다르게 할 수 있는가 하는 재편성은 다음 시도에서 성공의 좋은 개연성을 보장한다. 실패는 없다, 오직 배워야 할 교훈만 있을 뿐이다. 역사에 기록된 실패는 우리의 실패로부터 배울 수 있는 것이 아니다.

### 실패는 없다, 오직 결과뿐이다(There is no failure; only outcome)

아이에게는 실패란 없고 오직 바라지 않은 결과만 있을 뿐이다. 만약 그 결과가 원하는 바가 아니면, 원하는 결과를 얻을 때까지 다시 시도할 것이다. 실패란 없고 오직 잘못된 결과만 있을 뿐이다. 인생은 이와 같이 원하든 원하지 않든 결과의 연속이다.

아기가 걷는 것을 배우기 전에 평균 240번 넘어진다는 연구 결과가 나왔다. 아기에게는 그것은 단지 미끄럼(slip)이지, 넘어짐(fall)이 아니다. 그게 무슨 대수냐고? 어른들은 한 두 번 실패했을 경우 포기한다. 아기한테 배우고 영향을 받아야 한다. 결국 우리도 한 때는 아기였다. 만약 아기가 넘어지는 것을 실패라고 본다면, 우리는 동물처럼 바닥을 기어야 한다.

### 학사모 법칙(Law of the Mortarboards)

아기들은 문제를 보지 못한다. 그들은 문제를 도전으로 본다. 그들은 용감히 새로운 도전과 맞서고 열광적으로 극복한다. 그들은 도전할 한계를 끌어 올린다. 넘어졌을 때 일어나는 도전, 공을 더 멀리 던지는 도전, 우유를 마시기 위해 병을 잡는 도전 등등. 방해에도 불구하고 그들은 새로운 것을 시도하려는 호기심이 많다. 만약 아기가 문제들을 본다면, 그들은 성장하지 못할 것이다.

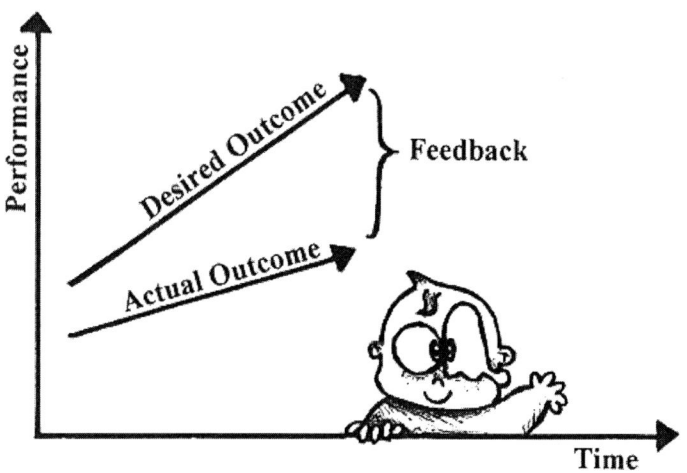

**Law of the Mortarboards**

오직 전문적인 경험과 자격을 가진 어른만이 문제를 미리 예측할 수 있다. 고등교육은 어떻게 하면 우리가 문제 분야를 찾아낼 수 있는지를 훈련시킨다. 사실 우리가 자격증명서를 많이 가질수록, 더 많은 문제들을 상상해 낼 수 있다. 이것이 내가 주장하는 '학사모 법칙(Law of the Mortarboards)'이다.

☑TIP 우리가 주어진 문제들을 문제가 아닌, 아기처럼 하나의 놀이로 여긴다면 과연 어떤 일이 일어날 것인가. 기존의 인식의 벽을 깨고, 발상의 전환을 하자는 운동이 한 동안 사회, 기업, 학교, 각 조직 등에 유행되어 왔다. 하지만 이 모든 것들은 잘 만들어진 이론과 검증된 경험에 의해 운영되어 종국에는 기존의 체제로 회귀되는 결과를 양산했다. 결과를 기대하지 않고, 잘 짜진

각본 없이 실패와 성공을 의식하지 않는 자세로 '과정'에 몰두하는 태도가 필요한 그런 시대인 것 같다.

### 장애와 발견(Obstacles versus Discoveries)

아기들은 장애를 보지 못한다. 그들은 장애를 발견으로 본다. 매일 "A-HA!"하고 발견하는 기쁨의 경험이다. TV에 마술처럼 만화영

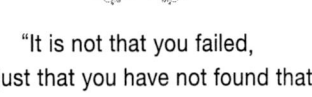
"It is not that you failed, it's just that you have not found that something more!"
-Alexander Graham Bell-

화 인물들이 등장하는 것의 발견, 라디오에서 방송되는(radiate) 음악의 기쁨, 그림을 그리기 시작할 때 다채로운 색상그림의 활기 등등. 간단한 행동에도 아기들은 자극 받는다. 딸랑이를 흔드는 것, 페이지를 넘기는 것, 서랍을 여는 것 등등. 그들의 눈은 호기심으로 가득 차 있다. 그리고 그 호기심은 유레카! 찾았다! 라는 결과를 도출한다. 만약 아기가 장애를 보면, 그들의 인생은 결코 그렇게 흥분되지 못할 것이다.

어른이기 때문에 우리는 흥분과 설레임을 발견하는데 어렵다. 그런 것을 발견하는 대신에 우리는 우리가 하는 모든 것에서 장애를 본다. 아기와는 다르게 어른들은 아이쿠! 또 다른 문제가 있네! 하고 말한다. 아기(baby)에게 있어 인생은 발견으로 가미된 아름다운 여행이다. 아이들(children)의 인생은 구석구석 도전으

로 점철(intersperse)된 미로이다. 어른(adult)에게는 문제가 기다리고 위험이 잠복하는 매일의 삶이다.

**☑TIP** 장애와 발견은 보는 시각에 따라 다르게 이해될 수 있다. 아기들은 일에 대한 결과를 생각하지 않으며, 어른들은 결과와 그 영향까지 복잡하게 생각하다 보니 도전의식은 없어지고 관습적이고 부정적인 측면에서 비판적일 수밖에 없다. 중요한 것은 고민하다가 바로 포기하는 것보다는 실행하는 편이 훨씬 건설적이고 생산적이라는 것이다. 이것은 나이와 환경에 관계없이 세상을 사는 누구에게나 필요한 살아가는 자세(attitude)이다.

### 주름의 법칙(The law of Wrinkles)

아이들은 어떤 것에도 겁을 내지 않는다. 그것이 그들의 시도에서 성공하는 이유다. 'Fear Not'은 그들의 신조이다. 우리가 품고 있는 두려움의 양은 인생을 살아온 횟수에 비례하여 커진다. 이것이 주름의 법칙이다. 나이가 들수록, 더 많은 공포심(phobia)이 생긴다. 우리의 모토는 'More Fears!'이다. 매일 우리는 매수자 부담원칙(caveat emptor) 사고방식으로 시장에 접근한다. 어떻게 해야 어린아이와 같은 두려움을 모르는 태도(attitude)를 우리 안에 보유할 수 있을까?

**TIP** 잃을 게 많은 사람은 새로운 일을 시도하는 것에 주저한다. 마찬가지로 나이가 들수록 자신의 경험과 지식을 우선시하여 폐쇄적이고 수동적으로 문제에 접근하기 쉽다. 그것은 아마도 가족, 통장, 미래, 지위 그리고 체면 등 지켜야 할 것들이 많고 잘못된 나쁜 선입관이 많아서 그러한 수동적(passive) 태도를 보일 것이다.

## 리챠드 파인만(Richard Feynman)

리챠드 파인만의 아버지는 그의 부엌 바닥을 뚜렷한 파란색과 하얀색 패턴으로 깔았다. 파인만은 어려서 그 타일 위를 걷고 더듬거릴 때, 패턴에 주의했다. 이것이 그의 뛰어난 과학업적의 기원이었다. 아인슈타인 다음으로 파인만은 20세기에서 가장 중요한 과학자로 여겨진다. 1965년, 그는 물리학에서 전기역학에 관한 그의 업적이 인정되어 노벨상을 받았다.

**TIP** 한 사람의 인생변화는 작은 것에서부터 시작된다. 어른들의 시각으로 전혀 지각하지 못하고 이해할 수 없는 세계에 살고 있는 아이들은 실패나 성공이 공존하는 세계에서 자신들만의 방식으로 세상을 이해하고 받아들인다. 성공을 원한다면 잃어버린 유년시절의 호기심과 순수함을 기억해 보라. 부엌 타일의 패턴으로 자신의 지각능력을 발달시킨 리챠드 파인만처럼.

# CHAPTER 10
# 절대 포기하지 마라
### Never, Never, Never Give up

"There is no failure except in no longer trying."
-Elbert Hubbard-

 

역사 연대기에는 실패를 한 위대한 인물들이 많다. 그들이 실패했음에도 불구하고 적어도 그들 자신들에게 "최소한 난 시도는 해 보았어!"하고 말할 수 있다. 우리는 과연 이런 말을 우리 자신에게 할 수 있을까? 우리는 계속해서 나가야 한다. 이러한 끈질긴 고집은 소니(Sony)와 혼다(Honda)의 예가 보여주듯, 대가를 지불한다.

초기 단계의 실패는 나중에 성공으로 이끌 수 있다. 이것은 아인슈타인의 경우에서 반영된다. 가끔 성공은 실패로 인지된다. 이유는 시대를 앞지르고 동시대가 이해하지 못해서이다. 반 고흐의 그림은 여기에 맞는 좋은 예다.

시도해서 실패한 사람들을 판단하지 마라. 미국의 최고의 판매 트레이너인 톰 홉킨스는 다음과 같이 주장했다. "나는 내가 실패한 숫자가 아닌, 내가 성공한 숫자에 의해 판단된다. 내가 성공한 횟수의 숫자는 내가 실패하고, 계속 시도한 숫자와 직접 비례한다." 시도가 많을수록 성공할 확률도 많아진다. 이것이 Flying Kite Effect이다.

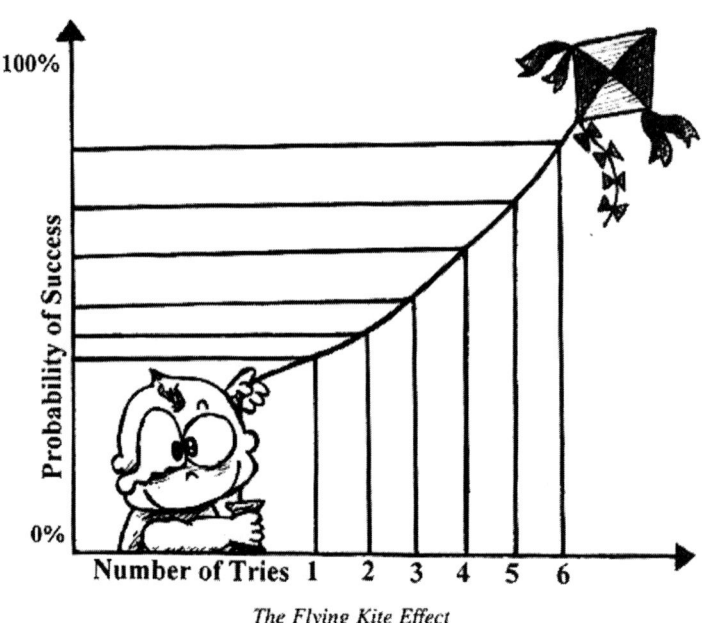

*The Flying Kite Effect*

$$\text{Success} = \frac{\text{Number of Tries + Courage to Fail}}{\text{Failure to Persist}} + \text{Learning from Failure}$$

성공확률 =시도한 횟수

우리가 시도하면 할수록, 실패에 도전하면 할수록, 우리가 실패로부터 더 배울수록, 성공할 확률은 높아만 간다. 우리가 시도하지 않는다면, 성공률은 낮아진다.

### 소니(Sony)

미화 300불과 한 명의 사업 파트너, 이것이 아키오 노리다(Akio Morita)가 처음으로 만든 회사, 도쿄 통신공업 주식회사의 전부였다. 기술적으로도 호평을 받은 그의 첫 제품인 녹음기는 실패하였다. 당시 일본인들은 녹음기가 무엇인지 알지 못했고 설사 안다 할지라도 전쟁 직후의 경제사정으로 구입하기에는 너무 비쌌다.

1978년에 휴대용 녹음기를 개발하였다. 음악을 틀 수는 있으나 녹음은 되지 않았다. 그래서 그들은 연구를 포기하였고 이 녹음기는 그들이 다른 작업을 할 때 음악을 듣는 도구로 사용하였다. 어느 날, 회장인 마사루 이부카(Masaru Ibuka)는 기술자들이 실패한 이 기계를 듣는 것을 주목하였다. 그는 다른 기술자가 경량의 휴대용 이어폰을 개발한 것을 기억했다. 이부카는 이 두 제품을 결합시켜 '워크맨'을 만들었다. 이것은 세계에 헤드폰 문화가 시작되었음을 알리는 것이었다.

모리타는 세계에서 가장 큰 전자회사 중 하나인 소니(Sony) 창업에 헌신했다. 그는 세계최초의 비디오테이프 녹화장치, 워크맨 그리고 디스크맨을 개척하였다.

☑TIP 안정된 삶을 포기하는 것은 그리 쉬운 것이 아니다. 전쟁 후 일본의 경제와 사회는 하루 먹는 것을 걱정해야 할 만큼 절박했지만 그는 결코 하루를 위해 살지 않았다. 더 큰 세상, 더 큰 꿈을 위해 '진행형'의 삶을 살았다. 그는 사회 안에서(in the society) 사는 삶보다는 사회와 함께(with the society)하는 삶의 시대적 선구자이다.

### 혼다(Honda)

혼다는 피스톤 링을 생산하는 그의 작업장(workshop)을 유지하기 위해 부인의 장신구들을 전당포에 맡겼다. 도요타(Toyota)가 그의 피스톤 링을 거절했을 때, 혼다

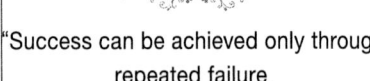

"Success can be achieved only through repeated failure. My success represents the 1% of the work that resulted from the 99% that was called failure."
-Soichiro Honde-

는 완전한 디자인을 배우기 위해 학교로 돌아갔다. 그의 공장을 지을 때, 전쟁 때문에 정부에서 그에게 콘크리트 파는 것을 거절했다. 공장을 운영할 때, 두 번이나 불이 났다. 다시 지을 때는, 지진이 일어나 공장이 무너졌다.

언제가 가솔린이 부족한 때가 있었다. 혼다는 식량 구입을 위해 자전거에 모터를 부착하여 팔았다. 이것이 현재 오토바이(motorcycle)이다. 그의 이웃이 그에게 하나 조립해 달라고 요청했

다. 혼다는 그 후 혼다 모터회사를 설립하여 후에 세계에서 가장 큰 오토바이 회사가 되었다. 그 후 그는 자동차 제조에 눈을 돌리게 되었다. 당시 일본은 너무나 많은 자동차 제조회사들이 있었기 때문에, 정부에서는 혼다에게 자제해 줄 것을 충고함에도 불구하고 그는 소신대로 추진하여 성공적인 자동차 회사로 성장하게 되었다.

혼다는 470여 개의 발명품과 150개의 특허품을 가지고 있다. 혼다는 너무 자주 실패했고 그의 인생철학도 '성공은 실패로부터 나온다.'고 믿었다. 그는 "고집(persistence)은 잠재력을 완벽함으로 나가게 한다." 고 말했다.

**☑TIP** 시련은 사람을 넘어뜨리거나 강하게 만든다. 혼다는 포기할 줄 모르는 사람이었다. 그는 시련 뒤의 성공의 맛을 알았고, 세월을 기다릴 줄 알았다. 그는 큰 회사를 세우고 유명해 지기 위해 산 것이 아니라 자신이 하고 싶은 것을 하며 '실패를 스승'으로 삼아 좌절과 포기라는 단어들을 버리는 법을 몸으로 보여 준 삶의 철학자였다.

### 알버트 아인슈타인(Albert Einstein)

16세 때 아인슈타인은 쥬리히에 있는 대학입학 시험에 떨어졌다. 또한 그는 박사논문이 출판되었음에도 불구하고, Ph.D를 취득하는데 실패했다. 그 안에 상대성원리이론이 들어가 있었다. 그것은 2차 대전을 끝나게 한 히로시마와 나가사키에 투하된 원자폭탄의 토대가 되었다.

"A person who has never failed never tried anything new."
-Albert Einstein

## 보드카(Vodka)

1930년대, 한 러시아 망명자가 미국시장에 보드카를 소개했다. 당시 미국에서는 맑은 술은 대중적이지 않아서 실패했다. 그는 그것을 휴브라인에게 겨우 14,000불에 팔았다. 휴브라인은 보드카에 다른 재료들을 첨가하여 색깔 있는 술로 만들어 인기를 끌게 되었다. 그 결과 블러드 메리, 스크류드라이버, 모스크 뮬 같은 칵테일이 나왔고, 보드카 판매량도 늘어서 처음의 6천 상자에서 4천만 상자로 늘었다.

"The only time you don't want to fail is the last time you try."
-Charles Kettering-

### 존 메이저(John Major)

존 메이저는 버스차장 자격조차 갖추지 못했다. 3명의 후보자 가운데서, 그는 승차권 판매기를 가장 다루지 못했다. 게다가 그 일을 감당하기에는 너무 키가 컸다. 하지만 그는 후에 영국수상이 되었다.

### 빈센트 반 고흐(Vincent Van Gogh)

반 고흐는 벨기에 미술학교의 1학기 시험에서 떨어졌다. 일생 동안 그는 단 한 점의 그림을 팔았다. 그

"The only failure which lacks dignity is the failure to try."
-Malcom MacNeil-

는 너무 시간을 앞서 살았다. 동시대 사람들은 그의 메시지를 이해하지 못했다. 하지만 오늘날 그는 세계적인 화가로 인정받고 있다. 그의 그림가격은 값을 매길 수 없을 만큼 비싸다.

## CHAPTER 11
# 실패는 우리의 가장 큰 스승이다
### Failure is Our Greatest Guru

"I learned more from the one restaurant that failed
than from all the ones than were successes."
-Restaurateur Wolfgang Puck-

　실패는 비록 비싼 대가를 치러야 하지만, 아주 위대한 스승이다. 우리 각자는 이런 개인 스승을 가질 수 있는 특권이 있다. 배우려는 준비가 되면 그 스승은 나타난다. 실패로부터 교훈은 매일 여명을 깨는 것으로 시작한다. 실패로부터 얻을 수 있는 이득은 우리가 '잘 배우는(teachable)' 사람으로 된다는 것이다. 우리가 '잘 배우는 사람'이 되면, 실패로부터 배울 것은 무궁무진하다. 우리 인생에 배울 수 있는 최고의 교훈 중 몇몇은 다음의 경우에서 보여주는 실패의 사례들이다.

### 베르너 본 브라운(Werner von Braun)

2차 대전 중에 로켓엔지니어인 본 브라운은 독일이 영국 런던을 공격하기 위한 탄도미사일을 개발 중이었다. 그의 상관들이 그에게 "너는 65,121번이나 실패했어, 도대체 성공하기 전까지 얼마나 더 실패할거야?" 하며 압박하였다. "그는 아직 수천 번의 실패가 필요합니다. 만약 당신이 완성된 미사일을 만들려면 적어도 65,000번의 실패가 필요합니다. 러시아는 30,000번 실패했고, 미국은 아직 시작도 안 했습니다."라고 대답했다.

마침내 그는 성공했다. 독일은 그의 미사일로 적들을 공격했다. 그 어떤 국가도 그런 무기를 보유하지 못했다. 후에 그는 미국 NASA에서 일하게 되었다. 그는 닐 암스트롱의 1979년 7월의 달 착륙에 중요한 역할을 했다.

### 토마스 에디슨(Thomas Edison)

기자회견할 때, 젊은 기자가 에디슨에게 전구를 발명하기 전에 얼마나 많은 실패를 했었는지를 물었다.

"Show me a thoroughly satisfied man-and I will show you a failure."
-Thomas Edison-

에디슨은 상냥하게 "난 사실 성공적으로 전구를 어떻게 만들지 알아야 하는 방법을 1,800개나 안다."라고 말했다. 그는 또 "버려지는 잘못된 시도는 앞으로 나갈 수 있는 다른 단계이다."라고 성공적인 실패에 대해 언급했다.

### 버코위츠(Myles Berkowitz and his Twenty Dates)

12년 이상, 버코위츠는 사회생활뿐만이 아니라 가정생활도 실패했다. 그는 실패한 배우, 작가 그리고 영화감독이었다. 셀 수 없는 많은 기회를 퇴짜 맞았다. 수많은 불운과 실패 속에서 그는 그의 삶과 영화를 하나로 결합시키는 것을 생각해 냈고 그것을 실행해 옮겨 탄생된 것이 바로 'Twenty Dates'라는 영화이다.

우리의 시각으로 보면 그의 인생은 가정도 직장도 모두 실패했지만 실패를 다른 시각으로 해석하여 오히려 성공의 기회를 삼았다. 그 덕분에 그는 영화 마지막 작업 때 그가 그리던 꿈의 여인을 만났고, FOX Searchlight는 그의 영화 배급은 물론 다음 영화 계약도 하였다. 불운했던 가정과 직업의 문제가 풀리는 순간이었다.

### 심과 그의 게임 블라스터(Sim and his Sound Blasters)

심황호는 친구와 함께 학원을 시작하였다. 친구는 재정 쪽을, 그는 컴퓨터를 가르쳤다. 몇 달 후 그가 출근했을 때 그의 사무실이 엉망이 되어 있었고 친구는 공금을 가지고 잠적해 버린 상태였다. 뿐만 아니라 그 몰래 빚도 많이 진 상태여서 그는 자신의 유일 재산인 컴퓨터를 압류당하지 않으려고 매일 밤 오토바이에 컴퓨터를 싣고 집으로 날랐다. 이 첫 번째 실패로, 그는 이런 교훈을 얻었다. "만약 사업을 하고 싶다면, 반드시 혼자서 운영하라."

1981년, 그는 6000불의 자금을 가지고 사업(Creative Technology)을 다시 시작하였다. 부족한 돈을 채우기 위해 컴퓨터 강의를 하기도 했다. 1984년 그는 첫 번째 싱가포르 CUBIC 99를 개발하였다. 1986년에 멀티미디어와 다국어 컴퓨터를 개발했다. 그는 또한 사업을 뮤직카드에 집중하고 업계에 기준이 되도록 전략을 다시 짰다. 1988년에 그는 미국에 가서 그의 게임 블라스터 카드 마케팅을 시작하여 Tandy로부터 20,000개의 주문을 받게 되었다. 뿐만 아니라 라스베이거스 Comdex Fall의 컴퓨터 전시관에서 약 600여 개의 회사로부터 주문을 받았고, 1992년에 싱가포르에서는 처음으로 미국의 나스닥에 상장되었다. 그 후 그는 싱가포르의 사업자 상을 2번이나 받았다.

## 스누피(Snoopy)

챨리슐츠(Charles Schulz)는 지속적인 우울증과 불안감에 시달렸다. 그는 그의 그런 감정을 만화를 통해 표현했다. 1950년 10

월 2일 둥근 머리를 한 꼬마 찰리 브라운과, 루시 그리고 비글 강아지인 스누피가 주인공으로 나오는 피너츠(Peanuts)가 데뷔한 날이다. 그는 개인적 실패를 피너츠를 통해 표현했고, 그것은 2,400개의 신문사, 75개국의 21개 언어로 35억 명의 독자에게 매일 선보였다. 그는 역사상 가장 성공한 만화가가 되었고, 연속만화와 추천상품으로부터 약 3천에서 4천만 달러를 벌어들였다. 또한 그는 각종 상을 휩쓸면서 돈과 명예를 동시에 얻은 성공한 사람이 되었다.

### 실패의 재구성(Reframing Failure)

우리는 우리 고유의 시각의 틀로 실패를 본다. 틀(frame)은 우리가 실패를 보는 여과체계이다. 그것은 실패 경험을 처리하는 정신적 형판(template)이다. 우리가 만든 틀은 실패를 감지하는 방법을 반영한다. 재구성은 언급된 실패에 관한 틀을 바꾸고 실패를 완전히 다른 시각에서 바라보게 해 준다.

우리는 다음에 제시하는 틀로 실패를 재구성할 수 있다.

**Outcome Frame** 실패로부터 어떤 특별한 교훈을 배웠는가?
나의 실패의 결과는 무엇인가?

**'As if' Frame** 나에게 다른 기회가 주어진다면, 그것을 어떻게 다시 할 것인가?
만약 내가 불가피한 자원이 필요하다면 어떻게 할 것인가?

**Contrast Frame** 나의 실패와 성공을 비교한다.

**Agreement Frame** 성공하기 전에 실패를 먼저 경험해야 한다는 것에 동의한다.

**Relevancy Challenge Frame** 나의 실패는 나의 성공에 어떻게 이바지하는가?

**Back Track Frame** 그래서 나는 실패했고 교훈을 배웠다. 나는 다시 시작하면서 같은 실수를 피하기로 결정했다.

# A to Z of Managing Failure

**Admit**  실패를 인정해라.

**Brave**  실패에 용감히 맞서고 그것을 관리해라.

**Conquer**  우리의 두려움을 정복해라. 그리고 자신감을 가져라.

**Determine**  실패의 출구를 찾는 것을 결정해라.

**Experience**  실패를 경험해라.

　　　　　그것은 어느 MBA학교에서도 가르치지는 않는다.

**Failures**  실패는 성공하기 위한 장애물이 아니라 디딤돌이다.

**God**  신은 실패를 사랑한다.

　　　　그것이 바로 우리 삶 속에 많은 실패가 있는 이유이다.

**Help**  다른 사람의 실패를 도와라.

　　　　그들은 우리의 도움에 화답할 것이다.

**Inspire**  그들이 다시 일어나도록 다른 실패들을 고취시켜라.

**Joy**  환희는 실패 후에 겪는 성공의 경험이다.

**Knowledge**  새 경제체제에서는 지식은

　　　　　실패를 이길 수 있는 강력한 무기이다.

**Learning**  실패로부터 배우는 것은 매우 유용하다.
실패는 가장 위대한 스승이다.

**Mistakes**  실수는 매우 귀중하다. 실수를 하는 것은 인간이요,
시도하는 것을 실패하는 것은 범죄이다.

**Nature**  우리의 본성은 우리가 어려운 시기를 통과하도록
인도할 것이다.

**Opportunities**  장애가 아닌 기회가 실패로부터 나온다.

**Problems**  문제는 우리 삶의 일부분이다.
문제가 없는 사람은 묘지에 사는 것과 같다.

**Quit**  포기하는 것은 바보들의 게임이다.
성공적인 실패는 절대 포기하지 않는다.

**Revise**  새로운 변화를 받아들일 수 있도록
계속해서 너의 계획을 수정하라.

**Success**  실패의 바로 다음 단계는 성공이다.

**Trying**  시도해서 실패하는 것은 아무것도 안하고
실패하는 것보다 더 낫다.

**University**  실패대학은 교실이 아닌 길거리에 있다.

**Value**  실패로부터 배우고 그것을 소중히 생각해라.

**Work**  우리의 약점을 개선하기 위해 노력해라.

**X-ray**  실패의 근본원인을 x-ray촬영하고 분석해라.

**You**  실패의 원인은 자기자신에게 있다.
다른 사람이나 운을 탓하지 마라.

**Zenith**  노력의 정점은 많은 실패 뒤에 발생된다.

## Tool Box
# Weekly Tactical Planning

　매주 일요일 저녁이나 월요일 아침에 10분을 투자하라. 장소는 집, 사무실 그리고 본인에게 편하고 생각하기에 좋은 장소를 선택하면 된다. 효과를 극대화시키기 위해서는 시간과 장소는 매번 같은 것이 좋다. 깊은 숨을 쉬고 편안하게 있으면서 가장 편안한 자세를 취하라.

　다음 질문에 대해 숙고 후 자신의 생각을 적어 보라.

- 지난 주를 재검토해 보면서 Plus가 된 주, Minus가 된 주는?
- 지난 주에 배운 가장 중요한 3가지 교훈은?
- 나의 성공에 가장 큰 영향을 끼친 3가지 중요 요인은?
- 나의 목적을 이루기 위한 이번 주 활동계획 작성은?
- 누구를 도울 것인가?
- 무엇에 기여할 것인가?

새 주가 시작되면 다음 것을 보강해 보라.

- 다른 사람을 용서하는 것을 배워라. 우리가 목표들을 뒤쫓을 수 있는 시간과 자유를 준다.
- 봉사와 기부정신을 배워라. 봉사를 통해 우리는 재충전 기회를 갖고, 우리가 추구하는 것을 계속 갖게 하는 탄력을 유지하게 한다.
- 오래되고 잘못된 감정을 방출해라. 복수심이나 미워하는 마음은 우리 마음에서 에너지를 빼앗아가고 우리 목표에 집중하는 것을 방해한다.
- 자존심을 줄여라. 자기 중심적 생각을 버리고 '나- 나의-내 것' 같은 말을 줄여라. 만약 우리가 다른 사람에게 집중하면, 인생에서의 우리 임무는 더 목적의식이 생긴다.

# Part IV

# 성공의 속임수
The Deceit of Success

# CHAPTER 12
# 성공은 필연적으로 좋은 것인가?
**Is Success Necessarily Good?**

"Success is dangerous. One begins to copy oneself,
and to copy oneself is more dangerous than to copy others.
It leads to sterility."
-Pablo Picasso-

### 성공은 우리의 마음을 잡아둔다(Success Imprisons Our Mind)

성공은 필연적으로 좋은 것만이 아닌 듯하다. 그것은 우리의 마음을 고정된 패러다임에 가둔다. 우리는 우리를 성공으로 이끄는 한도(parameter)를 받아들인다. 그러므로 우리는 계속해서 예견할 수 있는 반응을 얻기 위해 숙련된 기량으로 공식에 의지한다. 우리는 극본에 의해 인생을 산다. 우리는 안전지대라고 불리는 친숙하고 안전한 환경에서 산다. 이것은 우리를 실패의 굴욕으로부터 보호한다. 『The Seven Habits of Highly Effective People』의 저자인 스티븐 코비(Steven Covey)는 다음과 같이 말했다. "만약 우리가 지금 하고 있는 것들을 계속해서 한다면, 우리는 현재 얻고 있는 것을 계속 잃게 될 것이다."

성공은 우리가 문제를 다른 시각으로 접근하는 것과 새로운 영역을 탐험하는 것을 좌절시킨다. 그것은 우리가 현실에 안주하고, 아는 것을 받아들이고 알지 못하는 것은 거절하도록 유혹한다. 우리는 성공에 안주할 것이다. 성공과 함께 안전의 항로를 따라 항해하지만 기회의 수평선을 찾는 것은 실패한다. 반어적으로 보면, 성공은 우리에게 어떻게 성공적인 실패를 다루어야 하는지를 가르치지 않는다.

☑TIP *성공을 하게 되면 가장 조심해야 할 부분은 자만심과 기득권을 지키려는 수동적 자세이다. 공격이 최선의 방어라는 말처럼 인간은 계속해서 정진하고(go ahead) 성취하려는 욕망을 분출해야 하는데 수성(守城)을 하게 되면 아무래도 생각의 획일화, 근시안적 견해를 갖게 되어 결국은 가지고 있는 것도 잃게 된다.*

### 일본의 탄환열차(Japan's Bullet Train)

사업상 도쿄에서 오사카로 갈 때, 나는 신카센(Shinkasen)이라고 불리는 초고속 탄환열차로 통근했다. 기차바퀴가 트랙 위를 달리는 대신 트랙 위 공중에 뜰 정도로 빠르다. 또한 승객들이 소음을 거의 들을 수 없을 정도로 부드럽다. 휴양지 마을인 아타미(Atami)는 도쿄에서 기차로 3시간 걸린다. 1960년대에 원활한 관광객의 도착을 부양하기 위해 신칸센이 동원되었고, 약 50분 정도의 여행시간을 줄였다. 아타미의 공무원들은 탄환열차의 출현이 급템포의 관광산업 육성을 가지고 올 것이라 확신했었다. 그러나 그들의 예상과는 반대로, 관광객 수는 급속히 줄었다. 그들이 놀란 것은 어떻게 여행시간을 줄이는 것이 관광객 감소를 초래시켰는가 하는 것이다. 그들은 원인 규명을 위해 문제를 분석하고 원인을 알아내었다. 주요 원인은 고속열차로 여행하는 것은 관광객들의 서행열차(slow train)에서 느낄 수 있는 여행의 설렘을 빼앗아간 것이었다. 휴일을 즐기는 관광객들은 스트레스 쌓이는 첨단기술열차 승차보다는 서두르지 않는 시골 풍의 여행을 원했던 것이었다.

**☑TIP** 세계는 지구촌이라는 말이 무색할 정도로 점점 다문화되어 가고 지형적 국경이 필요 없을 정도로 하나로 되어가고 있다. 또한 첨단산업의 발달은 많은 문제를 야기시켜 왔는데 그 중 하나가 문화지체이론(culture lag)이다. 첨단산업은 안전하고 편안한 삶을 보장하지만 그것을 뒤쫓지 못하는 사람들에게는 거추장스런 장식품이었을 뿐이었다. 그래서 복고풍 바람이 불고, 템플 스테이가 해외관광상품으로 인기를 끌고, 'slow food' 운동이 일어나는 등 친환경적, 자연적 운동이 일어나게 된 것이었다. 성공의 개념도 외형주의와 성과주의 개념에서 내면주의와 개인의 능력에 따른 성취도로 평가되어야 한다.

## 성공은 몰락으로 이끈다(Success Leads to Downfall)

반어적으로 보면, 자부심과 오만을 야기시킨 많은 성공은 몰락으로 이끈다. 이것은 마치 대양의 조수와 같다. 만조는 반드시 썰물

"The only trouble with success is that it doesn't teach you how to deal with failure."
-Tommy Lasorda-

의 뒤이어 일어난다. 셰익스피어가 줄리어스 시이저에 관한 글을 쓰면서 언급한 것처럼, 인생에도 조수가 있다. 만약 당신이 당신의 경력, 사업, 관계의 최고봉에 있다면 조심해라, 파도가 다음에 몰아칠 것이니. 그런 것이 인생의 우여곡절이다.

한 오만한 전자회사 CEO가 자랑스럽게 말하였다. "나는 18년 동안 이 회사를 운영해 왔다. 매년 전년에 비해 많은 수익을 내었다. 나는 나보다 이 분야에서 더 잘하는 사람을 본 적이 없다." 그는 계속해서 그의 동료들의 사업 개선에 관한 제안을 거절했다. 곧 회사는 수익이 줄고 마침내 회사를 경쟁자에게 빼앗겼다. 오늘날 그는 그의 성공에 대한 오만을 후회하고 있다.

## 마라도나와 신의 손(Maradona and the Hand of God)

세계에서 최고의 축구선수 중의 한 명인 마라도나는 1986년 월드컵 경기에서 아르헨티나에게 단독으로 승리를 안겨 주었다.

그의 뛰어난 노력 때문에, 그는 세기의 FIFA 선수상과 세기의 아르헨티나 선수상을 받았다.

그 누구도 논란이 많았던 멕시코에서 벌어진 월드컵 결승전 경기를 잊지 못할 것이다. 마라도나는 영국의 골키퍼 피터 쉘톤을 제치고 헤딩 골을 성공시켰고 세계는 경악했다.

나중에 비디오 분석을 통해 마라도나가 헤딩을 하는 척하면서 그의 손으로 볼을 친 것으로 드러났다. 기자 회견 시에 그에 대한 질문이 나왔고 그는 '신의 손'이 자신을 이끈 것이라고 종교적으로 대답했다. 후에 그는 포클랜드전쟁에서 아르헨티나가 영국에 패배한 것에 대한 복수로써 고의적으로 공을 친 것이라고 말했다.

성공과 명성이 그를 몰락으로 이끌었다. 1991년 나폴리에서 선수생활할 때 그는 약물검사에서 코카인 양성판정으로 15개월 출전정지를 받았다. 1994년 월드컵 결승전에서도 도핑테스트에서 약물반응이 나와 출전 정지당했다. 또한 그의 집 근처 나무에 숨어 있던 파파라치를 총으로 쏴 문제를 일으켰고, 결국 1997년 37세의 나이에 그는 은퇴를 했다. 2000년에는 고혈압과 불규칙한 심장박동 때문에 집중치료병동에 들어가게 되었다.

우리는 성공과 명예를 다룰 수 있는가?

☑TIP 성공과 실패는 순간적이자 임시적이라 영원성은 없다. 따라서 한 번의 성공이자 영원한 성공은 존재할 수 없다. 즉 성공의 기쁨도 실패의 좌절도 순간을 넘기면 아무것도 아닌 것이 된

다. 문제는 성공을 위해 수단과 방법을 가리지 않을 경우 발생되는 '오명'과 '불신', 그리고 '부정직한 행위'가 죽고 난 후까지 소멸되지 않고 남는다는 것이다. 이것은 목적을 위해서는 수단과 방법도 정당해야 하며 무엇을 얻었느냐 보다는 어떻게 얻었느냐가 중요하다는 것을 알 수 있다.

이와 같이 우리의 삶이 상대성이 아닌 절대성의 개념으로 이해될 때 우리는 이웃과 비교하지 않고 자신의 능력과 석성에 맞는 질(quality)적인 행복을 찾게 될 것이며 사회는 개성과 특성이 뚜렷한 사회로 변화될 것이다.

당신만의 월드컵에서 마라도나와 같은 위치에 있다면 여러분은 '신의 손'을 사용할 것인가?

# CHAPTER 13
# 성공의 가격
**The Price of Success**

"Success is has a great tendency to conceal
and throw a veil over the evil deeds of men."
-Demosthenes-

    우리의 대부분은 성공에 강박관념을 갖는다. 성공은 다른 성취물(achievements)과 같이 가격이 따라온다. 어떤 것은 저렴하게, 어떤 것은 가격을 매길 수 없을 정도로 비싸게. 모든 항목에 가격표가 붙어 있다. 이 책을 쓰면서도, 나는 가격을 지불해야 한다. 매일 아침 꼭두새벽부터 일어나서 일을 하며, 식사도 굶고, 가족 간의 시간도 줄이고, 개인 취미생활을 포기하고, 다른 일을 하지 못하고, 이 일에만 매달리며 이 책이 완성될 때까지 모든 것을 희생해야 한다.

칼 루이스(Carl Lewis)

총알 같은 사나이 칼 루이스는 8번의 세계 챔피언, 100미터 경기, 400미터 계주 그리고 넓이뛰기에서 9개의 올림픽 경기 금메달을 획득했다.

루이스는 다른 단거리선수들의 질투 대상이었다. 1988년 서울 올림픽, 세계에서 가장 빠른 두 사나이가 격돌하게 되었다. 그 결과 100미터 경기에서 벤 존슨이 루이스를 제치고 9.79초라는 기록으로 금메달을 획득했으나, 소변검사에서 스테로이드가 발견되어 금메달은 반환되어 칼 루이스에게 주어졌다.

어느 날 그가 병원에 갔었을 때, 의사는 루이스에게 60살 먹은 노인의 척추를 갖고 있다고 말했다. 격렬한 운동활동 때문에, 뼈 표면을 보호하는 연골이 닳아 없어져서 뼈들이 서로 긁힌 것이 주 원인이었다고 설명해 주었다. 그러자 그는 "90킬로의 몸으로 공기를 가르고 모랫바닥을 치면서 나는 내 인생의 가장 훌륭한 시간을 보냈다. 더 이상 무엇을 기대하는가?"라고 어깨를 으쓱거리며 말했다. 몇 년 후 관절염 때문에 루이스는 휠체어를 타야만 했다.

성공에는 끝이 없다(There's no ending to success)

성공을 추구하는 동안에는 우리의 성취에는 종착점이 없다. 우리의 인생은 정거장마다 서는 열차여행에 비유되곤 한다. 매 정거장마다 승객들이 내리고 탄다. 목적지에 도착했을 때, 우리는 내리지만 다른 승객들은 다음 정거장을 향해 그들의 여

"The toughest thing about success is that you've got to keep on being a success. Talent is only a starting point in business. You've got to keep working that talent."
-Irving Berlin-

행을 계속한다. 즉 우리가 승리의 트로피로 여기는 것이 다른 사람에게는 단지 지나가는 검문소일 뿐이다. 항상 우리보다 잘하는 사람이 있기 마련이다. 톰 콜라드(Tom Collard)는 성공은 목적이 아닌 여행이라고 정의했다. 여기에 딱 맞는 예가 바로 100미터 단거리경주이다.

### 도대체 누가 가장 빠른 사람인가?
(Who is the Fastest Man on Earth?)

1960년 서독의 아르민 하리(Armin Hary)는 100미터 단거리 경기에서 10초 플랫의 기록을 보고 얼어 붙었다. 짐 하인스(Jim Hines)는 1968년 10초 미만인 9.95초의 최초로 달린 선수이다. 그 후 세월이 흘러 많은 기록들이 계속해서 갱신되고 있다.

| 년도 | 선수 명 | 기록 |
|---|---|---|
| 1988 | Calvin Smith(US) | 9.93 |
| 1991 | Carl Lewis(US) | 9.92 |
| 1991 | Leroy Burrell(US) | 9.90 |
| 1994 | Carl Lewis(US) | 9.85 |
| 1996 | Donovan Bailey(Canada) | 9.84 |
| 1999 | Maurice Green(US) | 9.79 |

1999년 6월 7일 모리스 그린(Maurice Green)이 세운 기록은 언제 깨질 것인가? 오직 시간만이 알 수 있다. 2000년 시드니올림픽에서 그린은 9.87초로 금메달을 땄다. 그는 "세계기록을 깨려고 시도하지 마세요. 당신이 할 수 있는 최고를 준비하세요. 그러면 기록은 저절로 깨집니다."라고 말했다.

## 절대로 성공을 확신할 수 없다(We can never be sure of Success)

사는 동안 우리는 두 가지는 확실히 알 수 있다. 죽음과 세금. 우리는 성공에 대해 절대 장담할 수 없다. 우리는 성공을 꽉 잡은

> "We mount to heaven mostly on the ruins of our cherished schemes, finding our failures were success."
> -Amos Alcott-

것처럼 생각한다. 하지만 그것은 손가락 사이로 미끄러져 나간다. 우리가 승리를 얻었다고 생각하는 동안, 다른 사람들은 이미 그것을 얻었거나 또는 우리보다 더 나은 것을 얻었을 것이다.

☑TIP 성공은 한 계획의 완성이기 때문에 많은 요소들로 구성된다. 계획, 노력, 주변환경, 도움 그리고 자신의 의지력 등등. 따라서 성공은 원한다고 이루어지는 것이 아니라, 진행 과정(process) 속에서 얻어지는 부산물(by-product)과 같다. 또한 주관적인 측면에서 생각해야 하기 때문에 각자가 추구하는 성공의 양과 질은 다를 수밖에 없고 그것들은 서로 비교대상도 되지 못한다.

### 누가 에베레스트 산을 최초로 정복했는가?
(Who is the first man to conquer Mt. Everest?)

1953년 5월 29일 이후로, 힐라리(Edmund Hillary) 경과 그의 셀파(Shepa) 가이드 텐징 노르가이(Tanzing Norgay)는 세계 최초로 세계에서 가장 높은 산, 에베레스트를 오른 사람들로 널리 알려져 있다.

"It's not the mountain we conquer but ourselves."
-Sir Edmund Hillary-

1924년 영국의 산악가 죠지 말로리(George Mallory)와 앤드류 어빙(Andrew Irvine)은 에베레스트 산을 오르는 도중에 사라졌다. 많은 사람들은 그들이 사나운 눈보라에 갇혀서 죽었다고 믿었다. 1999년, 산악인들은 말로리의 시신과 산소장비 및 피켈을 발견했다. 그들보다 610미터 아래까지 등반한 지질학자 노엘 오델은 그들이 정상에 도달했었다고 증언했다.

  그들이 에베레스트 정상을 등반했는지의 미스터리는 영원히 풀리지 않을 것이다. 힐라리 경이 처음으로 에베레스트를 정복한 사람이라는 것에 대한 해답이 나오지 않는 이상.

# CHAPTER 14
# 초기의 성공은 치명적일 수 있다
## Initial Success Can be Fatal

"Sudden rises are sometimes followed by equally sudden falls.
I have most faith in the individuals that advance step by step.
A mushroom can spring up in a day; an oak takes 50 years or more
to reach maturity. Mushrooms don't last; oaks do."
-B.C. Forbes-

성공의 좋은 점이 무엇인가? 만약 실패에 가격이 있다면, 성공은 높은 가격을 지불해야 한다. 만약 실패가 성공을 위한 길을 터 놓는다면, 성공은 넓고 빠른 낭패의 길로 당신을 유인할 것이다. 초기의 성공은 고정된 관념에 갇히게 하고 대안과 지엽적인 문제들을 거절하게 한다.

### 얼음덩어리와 제빙기(Ice Blocks verse Ice-making Machines)

1800년대, 미국의 북동부 지역에 있는 회사들은 얼은 호수에서 얼음 덩어리를 잘라 채취하여 수출했다. 그것은 그야말로 자연에서 주는 원료를 사용하기 때문에 밑천이 하나도 안 드는 아주 수익성이 좋은 사업이었다. 비록 목적지인 해외 고객에게 도달하기 전에 반 이상의 얼음이 녹아도, 이익이 남았다. 사업을 더 성공적으로 만들어 운영하기 위해, 그들은 장비를 사용하였다. 날카로운 톱, 빠른 수확, 큰 창고, 빠른 선적 그리고 강한 컨테이너들. 그들은 알려지지 않은 것들은 무시했다.

다른 회사들은 곧 자동제빙기로 얼음을 생산하기 시작했다. 상업적 고객들은 지금 얼음 수입업자들에 의지하지 않고 일년 내내 그들의 영역 내에서 얼음을 제조할 수 있다. 냉장고의 출현으로 주부들은 자신들의 주방에서 편안하게 얼음을 만들 수 있다.

미국의 얼음 채취자들은 곧 정리해야만 했다. 성공은 그들에게 현재 존재하는 한도(parameters)에만 집중하도록 했었다. 그들은 세상이 계속해서 변하는 것을 잊었다. 수입얼음은 역사에서나 나오는 하나의 이야기로 기억될 뿐이었다.

☑TIP 미래를 읽는 힘은 현재를 얼마나 잘 알고 있느냐에 달려 있다고 본다. 밭에 콩을 심으면 콩이 나오는 것처럼, 현재 내가 무엇을 하느냐에 따라 나의 미래는 결정되는 것이다. 우리는 콩이 아니라 콩을 심는 농부이기에 우리가 세상이라는 밭에 무엇을 심느냐에 따라 우리의 미래도 달라질 수 있다.

산이냐 바다냐에 따라(**환경**) 거기에 맞는 씨앗을 선택하고(**직업,**) 심고(**실행하고**), 가꾸는 동안(**사는 동안**) 비도 오고 바람도 불 것이다(**많은 실패를 경험하게 될 것이다**). 가을에 수확을 기대하는 농

부라면(인생에 성공을 기대한다면) 결코 현재의 안락함과 막연한 미래의 결과에 상관없이 현재에 최선을 다할 것이다(포기하지 않고 현재에 안주하지 않을 것이다). 성공은 주어지는 것이 아니라 우리의 땀과 인내로 얻어지는 것(obtain)이다. 항상 변하는 세상을 주목하며 먼저 '삶의 전문가'(a professional life designer)가 되어야 한다.

### 초심자의 행운?(Beginner's Luck?)

가끔 우리는 초심자의 행운을 누린다. 초기의 성공을 거둔다. 그러나 샴페인을 너무 일찍 따지 마라! 왜냐하면 흔히 우리 머리는

"If at first you do succeed, it can give you a false sense of importance."
-Frank Tyger-

처음 성공으로 가득 차 있다. 이것이 몰락의 시작이기 때문이다. 고사성어 '경적필패(적을 업신여기면 반드시 패하기 마련이다)'를 절대 잊어서는 안 된다.

☑TIP 흔히 자동차 면허를 딸 때 한 번에 따는 것보다 여러 번 실패 후 따는 것이 좋다고 한다. 한 번에 따면 운전에 자신감을 갖게 되어 자칫 사고로 이어질 수 있기 때문이다. 마찬가지로 인생도 실패나 고난 없이 성공의 길을 먼저 경험하게 되면 세상이 모두 핑크 빛으로 보인다. 모든 것에 자신감을 갖고 '두려움'이 없

는 고속도로의 무법자 운전자처럼 앞으로만 달리는 '질주의 인생'을 살 경향이 크다. 따라서 옛날 선비가 공부할 때 칼을 머리카락에 묶어 천장에 매달아 졸음을 경계하듯 우리도 초심자의 행운을 경계해야 한다.

### 페이머스 아모스: 그냥 빚일 뿐이야(Famous Amos: It's Only A Debt)

월리 아모스(Wally Amos)는 1975년에 미국의 첫 번째로 미식가를 위한 쿠키를 개척했다. 초기에 그는 경이적인 성장을 보았다. 총 매상고가 1억불을 쉽게 넘었다. 그가 성공에 자만 하는 사이 전문적인 경영지식의 부족이 통제력 손실을 가져 왔다. 그 결과 그의 집을 담보로 잡을 만큼 재정이 악화되었다. 오늘날 은행들은 여전히 아모스를 후원한다. 그는 자신의 입장을 긍정적으로 '그저 빚일 뿐이야!' 하고 표현했다. 그는 "세상에 포기하지 말고 역경을 승리로 바꿔라(convert)."고 말했다. 또한 『The Man with No Name: Turning Lemons into Lemonade(명성 없는 사람: 가치 없는 것을 가치 있는 것으로 만들어라)』의 책을 썼다.

그에 의하면, "항상 당신보다 더 불행한 사람이 있다." 그리고 그는 회상에 잠겨 말하기를 "고난은 우리가 극복해야 하는 것이지 우리를 파괴하는 것이 아니다."라고 했다. 미국의 동기부여 연설가인 로버트 슐러(Robert Schuller)는 베스트셀러가 된 책 『Tough Times Never Last but Tough people Do(고난의 시간은 결코 오래가지 않는다. 그러나 고난을 겪은 사람은 결코 쇠하지 않는다)』을 썼다.

☑TIP 호스피스 병원에 가면 제대로 한 번 숨쉬고 싶어하는 사람, 내일 아침 해를 볼 수 있을지 걱정하는 사람, 진통제가 말을 안 들어 통증에 빨리 죽고 싶다는 사람 등등. 건강한 사람들은 전혀 생각하지 않는 문제들을 심각하게 받아들인다. 그들이 유일하게 원하는 것은 돈이나 명예가 아닌 고통 없이 살아보는 것이다.

우리가 고민(worry)이나 불안함(anxiety)이 있다면 그런 것들이 과연 이들의 바람보다 더 심각하고 애절하겠는가. 시간이 지나고 적절한 조치를 취하면 해결될 것인데 마치 여행하다 화이트아웃(whiteout: 눈이 너무 많이 내려 방향 감각을 잃어버리는 상태)을 만난 여행객처럼 삶의 방향감각을 잃어버리고 궤도를 벗어난 결정이나 행위를 하는 경우가 종종 있다. 이제는 문제나 고민이 생기면 "이 세상의 누군가도 이와 같은 문제로 고민하거나 이 문제를 어떻게든 해결했다."라고 받아들여 문제를 털어버리는 자세(attitude)가 필요하다.


## 리 아이아코카(Lee Iacocca)

아이아코카는 크라이슬러 회사를 파산의 위기로부터 구해냈을 때 미국의 영웅이 되었다. 그의 이름 IACOCCA는 'I Am the Chief Officer of Chrysler Corporation of America(나는 미국의 크라이슬러 회사의 최고관리자이다).'를 의미하면서 급작스럽게 그는 전형적인 미국 매니지민트의 보기가 되었다. 그는 1993년에 은퇴했다. 그 이후 많은 벤처사업에 뛰어들었으나 모두 비참하게 실패했다. 그러다가 전기 자전거의 새로운 시대를 예고하기 위해 EV Global Motors를 설립했다. Koo Koo Roo라는 나스닥에서 상장 폐지되고 적자를 내왔던 바비큐 치킨체인점의 회장이 되었다. 그 외 전기모터, 배터리, 카지노, 부동산 개발, 상인은행, 하천선(riverboat) 그리고 우주공학 같은 수익을 못 내거나 문제가 있는 사업에도 손을 댔다.

## 성공은 얼마나 오래 갈 수 있나?(How Long Can Success Last?)

성공은 일시적이다. 성공은 오성 호텔(5 star hotel)에서의 체류이다. 우리가 풍부함을 느긋하게 즐기는 동안, 우리가 반드시 돌아가야 하는 누추한 거주지이다.

"Failure isn't so bad if it doesn't attack the heart.
Success is all right if it doesn't go to the head."
-Grantland Rice-

### 알프 램지 경(Sir Alf Ramsey)

1948년, 알프 램지는 스위스와의 축구경기에서 처음으로 영국

선수로 처녀 출전했다. 이 경기에서 영국은 6:0으로 이겼다. 그는 32회 출전했고, 주장으로 활약했다. 1966년 7월 30일 그는 팀에 자신감을 불어 넣어 주면서 서독과의 월드컵 결승전 경기에서 4-2로 승리하여 영국에 첫 벗째 월드컵을 안겨 주었다. 이러한 공로를 인정받아 그는 작위를 받게 되었다.

다음 월드컵인 1970년, 서독은 복수의 칼을 갈아 준준결승에서 영국을 3-2로 이겼고, 1974년 월드컵에서는 월드컵 출전자격을 따지 못하여 램지는 해고당했다.

우리의 성공은 얼마나 오래 지탱될까?

### 알렉산더 포포브(Alexander Popov)

포포브는 2미터가 되는 키에 몇 번의 스트로크로 풀장 끝에 도달할 수 있는 완벽한 수영기술을 가지고 있었다. 1920년대, 타잔에 출연한 쟈니 와이즈뮬러(Johnny Weismuller) 이후, 포포브는 바르셀로나와 아틀란타에서 50미터와 100미터에서 연이은 올림픽경기에서 우승을 한 유일한 수영선수였다. 그는 2000년 시드니 올림픽 때 최초로 3번의 연속적인 두 종목을 우승한 수영선수로 참가했다. 역사는 되풀이 된다. 1992년 바로셀로나 올림픽에서 미국의 매트 비온디(Matt Biondi)에게 미국의 최고 선수의 영예를 물려주게 되었다.

# CHAPTER 15
# 강자조차도 흔들릴 수 있다
### Even the Might will crumble

"The best thing that can come with success is
the knowledge that it is nothing to long for."
-Liv Ullmann-

최고로 된다는 것, 가장 강력하고 가장 빠르다는 것은 무엇이 좋다는 것인가? 언젠가, 절대자도 흔들리면서 그들의 실수를 인정하는 날이 올 것이다.

**브라질과 월드컵**(Brazil and the World Cup)

1998년 월드컵에서, 브라질은 우승 후보 나라였다. 브라질은 월드컵에서 1958년, 1962년, 1970년 그리고 1994년까지 총 4번이나 이긴 기록을 갖고 있었다. 최고 인기선수인 호나우도는 아마도 세계에서 가장 몸값이 비싸고 가치가 있는 선수이다.

승승장구하던 브라질에게도 예상치 못한 충격이 생겼다. 주최국인 약체 프랑스에게 0:3으로 졌다. 1996년과 1997년에 세계 축구 선수 해에 최고의 인기 선수인 로날드는 충격에 빠졌고 코치인 자갈로(Mario zagallo)는 불명예스럽게 해고당했다. 그리고 프랑스가 에튜알 개선문에서 그들의 승리를 자축하고 있을 때, 브라질은 눈물을 삼켜야 했다. 2000년 시드니올림픽 준준결승에서 브라질은 16세 신출내기 골키퍼를 포함한 9명이 싸운 카메룬에게 2:1로 졌다. 코치인 반데를레이 루셈부르구는 그 후 해고당했다. 결정적인 순간에서는 강자 조차도 흔들릴 수 있다.

### 스텔스 전투기(The Stealth Fighter)

미국의 가공할 만한 전쟁비밀무기는, 암호명 밤 도둑(nighthawk)이라고 불리는 F-117A 스텔스 전투기이다. 초현대적인 쐐기모양의 매끄러운 곡선모양의 디자인과 레이더에 반응하여 적국의 미사일기지로 전파를 반사하기보다는 복합재료로 코팅 처리로 전파를 흡수하게 한다. 레이더 스크린에 새처럼 보이게 하는 이 일인용 폭격기(single-seated)는 적에게 발각되지 않고 적군 지역에 깊게 침입할 수 있다. 약 4천 5백만 달러에 달하는 이 스텔스 전투기는 초음속도로 2개의 레이저유도(laser guided) 2000파운드의 폭탄을 실을 수 있다. 이라크의 사담 후세인을 상대로 'Mothers of Wars'작전을 통해 첫 번째 시험을 마친 후, 적들에게는 극심

한 공포를 주었다.

1999년 3월, F-117A 스텔스 전투기는 나토 군으로 조직된 유고슬라비아에서 알바니아 민족을 박해하던 세르비아를 상대로 폭격을 이끌었다. 1999년 3월 27일, 상상도 못할 일이 발생되었다. 천하무적인 완전한 전투기인 미국의 F-117A 스텔스 전투기가 추락되었던 것이다. 전설적인 이미지가 회복할 수 없는 이미지로 더럽혀졌다. 이 사건이 나기 선에, 나토 조종사들은 폭탄투하가 너무 쉬워서 세르비아의 심한 저항이 있었으면 좋을 텐데 하며 경멸적인 발언을 하였다.

### 콩코드(Concorde)

하늘의 왕, 초음속 비행기 콩코드는 부호와 저명 인사들의 선택이었다. 1962년에 프랑스와 영국의 항공우주산업에 의해 고안되어, 1969년에 처녀비행을 하였다. 우주 여행용 우주선 스타일로 바늘처럼 뾰족한 삼각날개로, 소리속도의 2배인 마하2로 비행하였다. 필 콜린스는 이 콩코드 덕분에 대서양을 건너 런던과 필라델피아에서 같은 날 공연하였다.

많은 사람들은 콩코드를 세계에서 가장 안전한 비행기로 믿었다. 대서양 난기류 위를 일반 항공기로는 절반에도 못 미치는 3시간 반 만에 비행하였다.

2000년 7월 25일에 콩코드는 파리에서 추락하였다. 그 비극은

활주로의 작은 금속조각 때문이었고 전 세계는 특히, 자주 이용하던 고객들은 충격에 할 말을 잃었다.

### 싱가포르 항공사(Singapore Airlines)

2000년 10월 31일, 세계에서 가장 안전한 신생 항공사인 싱가포르 항공사는 28년 동안 무사고 운행 후, 첫 번째 비극적인 재난을 만났다. 타이완에서 이륙 중이던 비행기가 갑자기 3조각으로 부서지면서 179명 중 83명이 죽었다

### 맨체스터 유나이티드(Manchester United)

맨유 축구클럽은 시장가치 15억 달러에 해당되는 세계에서 부자인 축구클럽이다. 바이에른 뮌헨과 레알 마드리드의 뒤를 잇는다. 맨유의 우상인 베컴과 함께 세계에서 가장 인기 있는 클럽이기도 하다. 1999년, 맨유는 English Football League, FA Cup, European Cup, 그리고 Intercontinental Cup Champions에서 보기 힘든 4승을 하면서 역사를 새로이 쓴다. 하지만 이런 꿈 같은 시간이 얼마나 오래 갈까?

몰락은 금방 왔다. 2000 FIFA월드컵 챔피언 전에서 맨유는 결승에 진출하지 못했다. 시합경기 전날 밤 맨유의 회장은 5성 호

텔에서 브라질 매춘부와 바람을 피우고 있었다고 보도되었다. 매니저인 알렉스 퍼거슨(Alex Ferguson)은 전례 없는 클럽의 성공으로 경(Sir)의 작위를 받았다. 사람들은 아직도 맨유가 강하다고 한다. 하지만 오직 시간만이 그 결과를 말해줄 뿐이다.

# Part V

# 성공적인 실패의 회복
## Successful Failur Recovery

# CHAPTER 16
# 실패로부터 회복!
**Bounce Back From Failure!**

"Life is to be lived, not controlled and humanity is worn
by continuing to play in the face of defeat."
-Ralph Ellison-

어떻게, 언제, 어디서 그리고 왜 우리가 실패하는지는 알 수 없다. 얼마나 많이 우리가 실패하는지는 중요하지 않다. 문제는 어떻게 실패로부터 회복하느냐이다. 얼마나 많이 실패하느냐로 사람을 판단하지 말고, 얼마나 빨리 실패로부터 회복하느냐로 판단해라.

### 실패 회복의 5단계(Five Stages of Failure Recovery)

· 1단계 Reflection(반영) 무엇이 잘못 되었는가? 어떤 자원이 나는 필요한가

- 2단계 Correction(정정) 만약 다시 한다면, 어떻게 해야 하나
- 3단계 Options(선택) 할 수 있는 대안 책 찾기
- 4단계 Decision(결정) 어떤 선택을 추구할 것인가
- 5단계 Implementation(실행) 계획을 실행에 옮기기

### 지금! 당장 실패로부터 나와라!(Get out of failure! Now!)

한 농부가 늙은 노새 한 마리를 가지고 있었다. 어느 날 그 노새는 폐기된 우물에 빠졌다. 숙고 끝에 그 농부는 노새와 우물 둘 다 구할 필요가 없다고 결정했다. 그래서 그는 이웃에게 노새와 우물을 메울 수 있도록 도와 달라고 했다.

노새는 자신에게 더러운 흙을 덮어 씌우자 처음에는 화가 났다. 그러나 곧 그는 흙을 털어버리고 밟으면 된다는 것을 깨달았다. 그가 삽으로 더러운 흙을 던질 때마다, 노새는 "흙을 털어버리고 밟아." 하고 중얼거렸다. 노새는 계속해서 그렇게 중얼거렸다.

서서히 흙의 높이가 땅 위에 가까워지자, 노새는 우물에서 점프해 밖으로 나올 수 있었다. 그를 묻으려고 했던 흙이 구명용품이 되어 그를 살렸다.

실패는 더러운 흙과 같다. 만약 우리가 흙을 털고 밟으면 우리는 실패로부터 일어설 수 있다. 실패를 경험하게 되면 잊지 말고 기억해라 "Shake the dirty off and step on it(**털어버리고 밟아**)."

## 의지의 남자: 빌 클린턴(The Comeback Kid: Bill Clinton)

42대 미국 대통령은 실패에서 성공으로 살아남은 전형적인 모습을 보여준다. 1992년, 대통령 예비선거에서, 빌 클린턴은 곤혹감에 시달리게 된다. 한 라운지가수가 클린턴과 약 12년 동안 관계를 가져왔다고 고백했던 것이다. 하지만 호된 시련에도 불구하고 그는 압도적인 승리로 백악관에 입성했다.

"There is no guarantee of success but not to try is to guarantee failure."
-Bill Clinton-

그 후 그는 게이를 군대에 입대하게 하였고, 고급관료의 임명 문제로 좌절을 겪게 되었다. 아울러 그의 의료서비스 개혁 계획은 붕괴되었다. 그러나 화이트워터 부동산 문제와 의심스런 선거 자금 문제에도 불구하고 그는 1996년 재선에 성공하였다.

전 아칸소스(Arkansas) 주의 고용인인 폴라존스(Paula Jones)는 클린턴이 주지사로 있었을 때 자신에게 성희롱을 행하였다고 주장했다.

그는 또한 모니카 루인스키(Monica Lewinsky)와 대통령 집무실에서의 적절치 못한 행동으로 거의 탄핵직전까지 갔다. 그는 1년 후 국민에게 사과를 함으로써 탄핵의 위험에서 벗어나 자신의 자리를 지킬 수 있었다. 클린턴은 지금도 여전히 변함없는 인기를 누리고 있다.

## 모니카 루인스키 (Monica Lewinsky: When Life gave her Lemons)

1995년 말에 있었던 루인스키와 클린턴의 밀애는 그녀를 내키지 않는 유명인사로 만들었다. 그녀가 비밀스런 이 밀애 사실을 그녀의 친한 친구, 린다 트립(Linda Tripp)에게 털어 놓은 것이 그녀를 곤란에 빠지게 했다. 1998년, 트립은 몰래 녹음한 테이프를 공개했다. 시간이 지남에 따라 국제 언론들의 기사는 그들의 성적인 유희의 격정적인 세부 사항으로 가득 찼다. 그녀는 파파라치한테 스토킹을 당하고, 타블로드 사진사들에게 괴롭힘을 당하며, 늦은 밤의 토크쇼의 주요 화제 대상이 되었다. 낯선 사람들이 갑자기 나타나서 욕하기도 하였다.

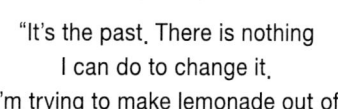

"It's the past. There is nothing I can do to change it. I'm trying to make lemonade out of lemons and move on."
-Monica Lewinsky-

회복능력은 성공의 전형적 특징이다. 전국적인 망신을 당한 상태에서도 루인스키는 정상적인 삶을 살기로 결심했다. 그녀는 아무렇지도 않은 듯 즐겁게 데이트하고 좋은 사람과 결혼해서 아이 갖기를 희망했다. 그녀는 이제 인터넷 사업으로 토트 백 소매업을 하고 있다. 또한 Jenny Craig 다이어트 회사의 대변인으로 대중과도 접촉하고 있다.

### 토마스 에디슨(Thomas Edison)

에디슨은 많은 실패를 하였다. 그는 달걀을 부화시키기 위해 그 위에 앉아 보았고, 정전기에 관한 책을 읽고 그것을 실험해 보기로 했다. 그는 두 수고양이의 꼬리를 전선으로 묶고 털을 비볐다. 그러나 고양이들이 무자비하게 할퀴는 바람에 그는 실험을 그만두어야 했다.

"Failure only served to push me forward with doubled resolve."
-Thomas Edison-

에디슨은 학교에서도 실패했다. 그의 선생님은 에디슨이 부주의하고, 공상적이며, 그리고 주의가 산만하다는 것을 발견했다. 선생님은 에디슨을 교실에서 친구들 앞에서 놀리며 학대했다. 사실 그는 학교 장학사에게 에디슨을 학교에 다니게 하는 것은 전혀 가치가 없는 것이라 말하기도 했다.

에디슨은 건강에서도 실패했다. 호흡기와 귓병으로 고생하였고 이것이 그의 청력을 점점 약화시켰다.

그러나 이러한 고난에도 불구하고 에디슨은 전구, 전축 그리고 영화를 발명했다. 그의 이름으로 등록된 특허만도 천 개가 넘었다.

### 도미노 피자(Domino's Pizza)

모나간의 아버지가 돌아가실 때, 그의 나이는 겨우 4살이었다. 경제적 문제로 인하여 그의 어머니는 그를 고아원에 맡겼다. 그에게 유년시절 두 가지의 꿈이 있었는데, 하나는 성직자가 되는 것이고 다른 하나는 디트로이트 타이거 야구팀에 들어가 선수로 활약하는 것이었다. 성직자가 되기 위해 1년 동안 신학내학에서 공부했지만, 그는 퇴학 명령을 받았다. 그 후 그는 도미노 피자 사업을 시작하였다. 초기의 사업은 성공적이었다. 1970년대 들어와서 모나간의 회사는 빚을 감당할 수가 없어서 마침내 파산하고 말았다.

1993년까지, 모나간은 도미노 피자를 매출액이 22억 불에 달하는 미국에서 가장 큰 피자회사로 재건시켰다. 그는 어릴 적 꿈인 디트로이트 타이거의 꿈을 넘어섰다. 그의 꿈이 너무나 강해서, 그는 아예 팀을 사들였다.

### 월트 디즈니(Walt Disney)

월트 디즈니와 다른 한 명의 만화가는 Kansas City Star에서 그림능력이 없다고 해고당했다. 그들은 동화를 기반으로 하는 단편 만화영화를 만드는 'Laugh-O-Grams'라는 공동경영 회사를 설립했다. 하지만 회사는 자리잡지 못했다. 나중에 단편영화

"이상한 나라의 앨리스"를 만들었다. 역시 파산하게 되었고, 디즈니는 하루 벌어 하루 살아야만 했다.

"To succeed in business, you need to have at least one good failure."
-Walt Disney-

24세 되던 해에 디즈니는 그의 형 로이(Roy)와 회사를 만들었다. "토끼와 오스왈드"를 제작하지만 배급자가 그의 캐릭터를 뺏어가서 판권을 잃게 되었다. 디즈니는 모티머 쥐(Mortimer mouse)를 제작했다. 하지만 그의 부인이 그것을 '미키 마우스'라고 다시 이름 짓게 되었다. 그 후, 디즈니는 전 세계의 모든 사람으로부터 남녀노소 막론하고 사랑받는 만화 캐릭터들을 시리즈로 만들었다.

# Epilogue
# 실패는 우리의 손 안에 있다
## Failure is in Our Hands

　옛날에 한적한 외딴 산속에 한 현명한 은둔자가 살고 있었다. 그의 현명함은 널리 알려져 있었다. 의심 많은 등산객이 그의 현명함을 시험하기 위해 산에 올라왔다. 그를 찾아 헤매던 중 마침내 그의 오두막집에 도착했다. 그는 참새 한 마리를 그의 손에 쥐며, "이 새는 죽은 것입니까, 아니면 산 것입니까?"라고 물었다. 그러자 은둔자는 웃으며 말했다.

　"그 새가 죽고 사는 것은 당신한테 달려 있습니다."

　그 사람은 어리둥절하여 다시 물었다.

　"왜요?"

　은둔자는 "만약 내가 그 새가 살아 있다고 대답하면 당신은 그 새를 당신의 손으로 눌러 죽일 것이요, 만약 죽었다고 대답하면 날려보낼 테니, 참새의 운명은 당신의 손 안에 있는 것이 아닙니까."

그 등산객은 그의 현명함을 인정하지 않을 수 없었다. 참새와 같이 실패도 다른 사람의 손바닥이 아닌 우리의 손 안에 있다. 우리가 그것을 잘 다루든 또는 우리의 인생을 망치게 하든 간에 우리의 손 안에 달려 있는 것이다.


### 실패는 우리의 눈 안에 있다(Failure is in our Eyes)

두 공동제작자가 같은 감옥에서 경범죄로 형을 살게 되었다. 그들은 바위투성이의 고립되어 있는 황량한 방을 같이 쓰게 되었다. 어느 날 저녁, 그들은 창 밖의 하늘을 쳐다보았다. 한 사람은 하늘의 별을 바라 보았고, 다른 한 사람은 감옥의 창살을 바라 보았다.

당신은 어디를 바라 볼 것인가?

# Appendix
(부록)

# APPENDIX 1
# 25가지의 성공적인 실패관리의 법칙

## 25Laws of successful Failure Management

"Nobody succeeds in a big way except by risking failure."
-William Feather-

1. 실패를 보고 웃어라. 실패는 잠시 있을 뿐이다. 성공이 곧 되돌아온다.
2. 실패가 없다고 생각하라. 우리는 단지 성공을 미루었을 뿐이다. 인생에 실패는 없다 오직 늦을 뿐. 실패는 성공을 위한 걸림돌이 아닌 디딤돌이다. 만약 실패가 없다면, 어떻게 성공이 있을 수 있는가?
3. 실패는 성공으로 반전될 수 있다.
4. 실패는 과정이다. 실패를 실패로 인도하는 연속적인 사건일 뿐이다.
5. 실패를 하기 위해서는 많은 용기를 필요로 한다.
6. 실패는 우리를 더 큰 고지로 도전하게 한다.

7. 실패를 맛 보는 것은 특권이다. 누구나 특정한 실패를 경험하는 것은 아니다.
8. 실패는 마지막이 아니다.
9. 실패의 존재를 받아들여라. 그것은 누구에게나 부딪친다.
10. 우리를 실패자라고 낙인 찍지 마라.
11. 실패를 독립된 사건으로 여겨라. 우리가 실패한 것이 아니다. 우리가 한 일이 실패된 것이다. 우리 자신과 실패를 반드시 구별해야 한다.
12. 실패를 허용해라.
13. 실패를 오명이라 여기지 마라.
14. 실패는 성공의 반대가 아니다. 그것은 성공을 하기 전 반드시 거쳐야 하는 하나의 단계일 뿐이다.
15. 우리가 하는 일은 항상 두 가지 결과가 나온다. 성공 또는 실패. 이것은 마치 동전을 던지는 것과 같다. -앞면 또는 뒷면. 가끔 실패가 결과로 나오기도 한다. 하지만 그것은 우리가 선택한 것은 아니다.
16. 실패는 배우는 과정이다. 우리가 삼각법을 학교에서 배우듯, 우리의 인생을 통해 실패를 배울 수 있다. 실패를 교육의 과정이라 생각해라.
17. 실패는 배우는 과정이기 때문에, 실패를 즐겨라. 실패는 오직 인생대학에서만 즐기고 인식될 수 있다.
18. 실패는 우리가 아주 귀중한 경험을 도출할 수 있는 좋은 자원이다.

19. 실패는 다른 기회들을 창조한다.
20. 중요한 실패의 20%를 잘 관리해라. 그러면 80%의 결과에 기여할 것이다.
21. 실패 자체는 그렇게 중요하지 않다. 그보다는 우리가 실패에 반응하는 것이 중요하다.
22. 성공한 사람들의 전기를 읽고 그들의 실패담도 읽어라. 어떻게 충격을 받았고 어떻게 극복했는지를 배우면서 모델로 삼아라.
23. 좋은 책, 휴가, 음식, 영화 등을 통해 또는 느긋하게 돌아다니거나 장미냄새를 맡는 여유를 가지며 자신을 소중히 가꾸어라.
24. 다음의 우리의 행동이 무엇인지 계획을 세우고 전력을 짜라.
25. 마지막으로, 성공이 실패를 관리한다는 것을 기억해라.

# APPENDIX 2
# 재정의한 성공과 실패
## Success and Failure Redefined

| 예전의 세상(Old Economy) | 현재의 세상(New Economy) |
|---|---|
| 실패를 경멸 | 실패를 환영 |
| Failure 실패 | NoFailure; 성공이 늦을 뿐 |
| Failure 실패 | NoFailure; 피드백 |
| Failure 실패 | NoFailure; 의견 |
| Failure 실패 | NoFailure; 배울 수 있는 교훈 |
| 실패는 걸림돌 | 실패는 디딤돌 |
| 초기에 실패 | 나중에 성공 |
| 성공에 연결 | 실패로부터 혜택 |
| 실패의 두려움 | 실패에 도전 |
| 어른처럼 합리적으로 조심스런 접근 | 아이처럼 순진한 본능적인 모험 |
| 지능지수 | 거리 재치(street smartness)지수 |
| 전문학교/대학 | 인생대학 |

| | |
|---|---|
| 병목현상 | 틈새시장, 집중 |
| 장애물 | 기회 창조 |
| 문제 | 도전 |
| 장애 | 발견 |
| 더 많은 두려움 More fears | 두려움 없음 Fear not |
| 안정된 고용 | 위험부담 있는 모험 |
| 업적위주(이력서) | 실패경험 위주(이력서) |
| 실패는 외부의 힘에 의해 통제 | 실패는 우리 손에 |

# 성공적 실패의 서약
**The Successful Failure Pledge**

나는 특별한 사람이다.
나는 장점과 단점을 가지고 있다.
나는 실패에 맞닥뜨리기도 한다.
그러나 나는 매번 실패를 통해 강해진다.
나는 가끔 실패를 할지라도 또 다른 도전을 한다.
나는 결국에는 성공할 것이다.
나는 실패의 한계점을 올릴 것이다.
나는 다른 사람의 기대에 맞게 살지 않는다.
나는 인생의 현실을 인정한다.
나는 절망의 계곡과 성공의 정상을 지난다.
나는 위대한 일을 위해 태어났다고 믿는다.
그러므로 나는 이 목표를 성취하기 위해
시도하고 포기하지 않을 것이다.

나는 아마도 넘어질 것이다. 그러나 다시 일어날 것이다.
나는 작지만 퍼즐 맞추기의 중요한 부분이다.
나는 이 세상이 살기에 더 좋은 장소가 되도록
나의 몫을 위해 기여할 것이다.

Name
_____

Date
_____